D1722747

Manfred Zellweger

Stolpersteine
der
Zusammenarbeit

Manfred Zellweger

Stolpersteine
der
Zusammenarbeit

Wirtschaftsverlag Langen Müller/Herbig

© 1987 by Wirtschaftsverlag Langen-Müller/Herbig
Albert Langen · Georg Müller Verlag GmbH, München
Alle Rechte vorbehalten
Schutzumschlag: Rudolf Angerer, Wien
Satz: Fotosatz Service Weihrauch, Würzburg
Druck: Jos. C. Huber KG, Dießen
Binden: Thomas Buchbinderei, Augsburg
Printed in Germany
ISBN 3-7844-7177-3

Inhalt

Zusammenfassung zum Einstieg

Die Wege unserer Zusammenarbeit sind uneben. Bald steigen sie an, bald führen sie abwärts. Oft liegen auch Steine im Weg, die entweder den Marsch nach vorne unterbrechen oder über die man *stolpernd*, taumelnd, auch eine Beschleunigung erfahren kann.

Augenblicke des Stolperns, ob wir selbst daran beteiligt sind, oder lediglich zusehen, gehen an uns nicht spurlos vorbei. Ursachen und Wirkungen werden abgewogen. Für sich wiederholende »Stolperbegebenheiten« findet man bald verständliche Worte. Der *Volksmund* ordnet solche Charakterisierungen und hält sie manchmal sogar in treffenden, geflügelten Worten, in *»Redensarten«* fest.

Kurze Sätze, Redensarten, einem kleinen gemeinsamen Nenner des Verständnisses gleich, beschreiben, was in einer Arbeitsgemeinschaft zum Stolpern führt. Manchmal werden sie sinnvoll ausgesprochen, oft verkennen sie das wirkliche Geschehen. Der richtige *Umgang* mit Redensarten, die von einer Begegnung mit »Stolpersteinen« berichten, gelingt vor allem, wenn begriffen worden ist, weshalb sie entstanden sind. Tiefergehendes Wissen über mögliche Entwicklungen menschlichen Zusammenwirkens hilft, aktiv zu einer ausgewogenen Mitarbeiterführung beizutragen. Redensarten über »Stolpersteine« mögen Brücken zu diesem Wissen schlagen!

Stolpersteine der Zusammenarbeit

Stolpersteine

Der Weg zu einem gemeinsamen Ziel ist gespickt mit Ereignissen, die uns oft zwingen, selbst sicher geglaubte Tatsachen neu zu überdenken. Manchmal gebieten offensichtlich schwerwiegende Hindernisse einen Halt; oft stören auch nur scheinbar unbedeutende »Stolpersteine« den freien Lauf des Geschehens. Selbst kleine Störungen können aber eine Zusammenarbeit gefährden und mit der Zeit sogar in Frage stellen.
Im Moment des Stolperns sind die Folgen noch recht ungewiß. Die einen taumeln und werden aus dem Gleichgewicht geworfen. Andere dagegen erwachen erst richtig und beginnen ihre Schritte bewußt zu kontrollieren.
Wer schon mehrmals von einem Ort zum andern gewandert ist, merkt sich, an welchen Stellen er mit vielen großen oder mit wenigen kleinen, mit auffälligen oder kaum sichtbaren Steinen zu rechnen hat. Aus der Erfahrung lernt er seine Gangart anzupassen, vermeidet das Stolpern. Wie Steine auf dem Naturpfad aussehen und wie wir über sie stolpern ist jedermann bekannt. Viele Steine jedoch, die eine erfreuliche Zusammenarbeit behindern, sind kaum sichtbar und behalten Geheimnisse in sich zurück. Ihr Auftreten und ihre Wirkungsweise haben wohl ihre eigene Gesetzmäßigkeit, selten sind sie aber konkret faßbar. Nur das menschliche Empfinden, die ernsthafte Auseinandersetzung mit dem Verhalten der Mitarbeiter und Arbeitskollegen läßt die Art der Steine erkennen. Was nicht gesehen, gemessen und abgegrenzt werden kann, wird oft im Vergleich, in Analogien beschrieben. Vorfälle in der Zusammenarbeit, wie das Stolpern über einen Stein, treten in bunter Vielfalt auf. Fast möchte man behaupten, daß es unendlich viele Begebenheiten gibt, die uns zu einem Schrittwechsel, – zu einer guten oder einer schlechten Wendung – zwingen.

Und doch, in der Perspektive der Vergangenheit finden wir immer wieder die gleiche Reihe von Steinen und Steinchen; willkommene, über die man leicht und gerne hüpft und hohe, die man lieber umgehen möchte. Einige von ihnen, die uns in Arbeitsgemeinschaften häufig und regelmäßig begegnen, sind beinahe zum Allgemeingut des Verständnisses gemeinsamen Wirkens geworden.

Was bekannt ist, bedarf keiner langen Analyse und umfassender Erörterung. Ein Kennwort, ein kurzer Satz genügt und jedermann versteht, wo der Stolperstein liegt und was von ihm zu erwarten ist. Manches geflügelte Wort, manche Redensart hat sich auf diese Weise im Ausdruck des Volksmundes niedergeschlagen.

Wie äußert sich der Volksmund?

Die Sprache des Volksmundes ist einfach und allgemein verständlich. Mit wenigen Worten wird das Wesentliche gesagt.

Zur Unterstreichung wichtiger Aspekte, wird der Sachverhalt nicht ausgewogen, neutral und rücksichtsvoll, sondern von grellen Farben und schreienden Lauten begleitet, dargestellt. Es liegt auf der Hand, daß in derart formulierten Begebenheiten auch Charakterzüge und Verhaltensarten von Personen, die im Zentrum des Geschehens stehen, angesprochen werden. Die verwendete Sprache kann beschönigend bis bewundernd, aber auch verletzend, entstellend, in Extremfällen sogar polemisch sein.

Wenn jemand das Glück gehabt hat, eine positive Wendung zu erleben, freuen sich darüber oft auch Außenstehende; manchmal wird sogar ausdrücklich wohlwollend kommentiert; gelegentlich allerdings mit einem neidvollen Unterton. Wenn hingegen jemand Fehler begangen, ungeschickt gehandelt hat und unsanft gestolpert ist, fehlt es nicht an Belehrungen, Mahnungen und Besserwissertum. Die Ursachen reger Meinungsäußerungen über schief verlaufene Entwicklungen sind recht verschiedenartig: Ist es die Angst, daß sich Unheilvolles wiederholen könnte? Sind Neid oder Schadenfreude die Triebfedern? Fallen drastische Beurteilungen sogar nur zur Bestätigung der eigenen, natürlich mustergültigen Situation? Sind es gutgemeinte Warnungen?

Bei einem Blick auf das, was der Volksmund sagt, fällt auf, daß viel von negativen Wendungen und Ausgängen und weniger vom erfreulichen Geschehen die Rede ist. Häufiger vernehmen wir von Feststellungen der Art »Er ist in Ungnade gefallen!«, »Er wurde in den Dreck gezogen!« oder »Er ist von allen guten Geistern verlassen!« Seltener tönt es bewundernd: »Er hört selbst das Gras wachsen!« oder »Er ist auf goldenen Boden gefallen!«

Probleme, für die noch niemand eine Lösung weiß, Ausgangslagen, die weder für den Einzelnen, noch für die Gemeinschaft viel Gutes erwarten lassen, werden nicht gleichgültig hingenommen. Bei einschneidenden Ereignissen bleibt daher oft über lange Zeit die Sorge über das, was kommen wird, im Raume stehen. Was ist denn die Folge, wenn jemand »mit dem Kopf durch die Wand« geht, oder »vor lauter Bäumen den Wald nicht sieht«? Werden schlechte Aussichten und üble Vorkommnisse in der Aussage unterstrichen, so stimmt das ein menschliches Gemüt kaum fröhlich, sondern bedrückt. Ist dagegen von erfreulichen Ereignissen und gutartigen Entwicklungen die Rede, so lebt man auf und ist voller Zuversicht. Es ist ihm gelungen, »über den eigenen Schatten zu springen!« »Er hat den Nagel auf den Kopf getroffen!«

Die Schwierigkeiten sind überwunden, jetzt wird es besser gehen. Die Gemeinschaft ist motiviert; die Bahnen für unbelastetes, kreatives Schaffen sind wieder frei.

Der Volksmund geht mit den in Redensarten plastisch gestalteten Kurzformulierungen selten am Wesentlichen vorbei. Volksverbundene Redensarten bilden eine Art gemeinsamen Nenner des Umgangs, der Kommunikation in einer Arbeitsgemeinschaft sind. Trotz des Gewichtes, das solchen Aussagen oft zugemessen wird, sollte man sich allerdings bewußt bleiben, daß bei dieser gerafften Ausdrucksweise Hintergründe,

Begleitumstände oder mit der Sache verbundene persönliche Schicksale wenig ausgeleuchtet werden.

Umgang mit Redensarten

Aussprüche, die ein Mißgeschick beschreiben, finden immer offene Ohren. Der Hunger nach Sensation, vor allem im Zusammenhang mit menschlichem Schicksal, ist seit jeher groß. – Es macht sich gut, in prägnanter Art, sarkastisch in einer gebräuchlichen Redensart zusammengefaßt zu betonen, warum etwas kein besseres Ende gefunden hat und warum ein Mitarbeiter stolpern mußte. Die warnende oder verheißende Stimme erhält zudem Bedeutung, wenn sie sich auf allgemein bekannte Ereignisse abstützen kann. Jeder, der schon früher gewußt hat, wie eine bestimmte Entwicklung schicksalshaft oder glücklich enden wird, darf der hohen Anerkennung seiner Kollegen gewiß sein!

Mit Redensarten wird – wegen ihrer begrifflichen Selbstverständlichkeit – in der Arbeitslandschaft meist kurz und bündig umgegangen. Stillschweigend wird vorausgesetzt, daß die angesprochenen Partner über die aktuellen Zusammenhänge bestens im Bilde sind. Eine allzu oberflächliche, dafür beeindruckend schillernd farbige Beschreibung, wird aber manchmal mißverstanden, kann falsche Komplimente weitergeben oder aber brutal erniedrigend und ungerecht sein.

Redensarten sind dennoch praktisch in der Anwendung. Einer ihrer großen Vorteile ist, daß sie dem Register entnommen werden können, wenn geeignetere, spezifischere, direktere Worte fehlen; ausführliche Darlegungen über das eigentliche Problem können auf diese Weise umgangen werden.

Recht oft, namentlich in kritischen Situationen, ist es aber auch so, daß Mitarbeiter vermeiden möchten, ihre eigene, persönliche Ansicht offen preiszugeben. Wohl bringen sie es kaum über das Herz, zu schweigen. So sagen sie denn etwas, das in ihrer Richtung liegt, ohne sich indessen mit der eigenen Persönlichkeit dahinterzustellen. – Der geschickte Umgang mit Redensarten und Sprichwörtern, Sätzen berühmter Gelehrter und Zitaten erlaubt es auch gegenüber unangenehmen Problemen auf sicherer Distanz zu bleiben!

Sinnvoll eingesetzte Redensarten können natürlich auch die eigene Meinung ergänzen und veranschaulichen; ein fehlendes eigenes Profil können sie aber nie ersetzen. Der Drang zur Selbstbestätigung, Originalitätssucht, der Wille sich selbst hervorzuheben, führen auch im Umgang mit Redensarten auf Irrwege. Es ist nicht erstaunlich, daß ein scheinbar geistreicher, spontaner, möglichst noch mit wohlklingenden, eindrücklichen Fremdwörtern gespickter Ausspruch manchmal gründlich daneben geht.

Unter den vielen möglichen Stolpersteinen dürfen einige ohne Bedenken elegant übersprungen werden, andere – die knorrigen die zackigen, die unberechenbaren und solche, die selbst noch in Bewegung sind, sollte man so vorsichtig als möglich umgehen. Gewandte Mitarbeiter und Vorgesetzte bemerken solche Steine und passen ihre Gangart an. Andere sind weniger aufmerksam oder können aus dem Blickwinkel ihrer Tätigkeit die Steine gar nicht sehen. Sollen auch sie den Weg ohne Schaden beschreiten, müssen sie von jemandem geführt werden, der den Weg der Zusammenarbeit kennt und weiß, wie man Stolpersteinen begegnet. Sicher ist hier auch die Mitarbeiterführung Vorgesetzter ausgesprochen!

Richtwerte der Mitarbeiterführung

Auf was stützt sich die richtige Mitarbeiterführung? Welches sind ihre zentralen Elemente? Wie kann man lernen, die Mitarbeiter so zu führen, daß nicht nur Ziele erreicht werden, sondern die Mitarbeiter von ihrer Aufgabe auch noch überzeugt sind?

Der Vorgesetzte ist verantwortlich, daß Funktionen ausgeübt und Aufgaben erfüllt werden. Es liegt in seinem Interesse, daß die Mitarbeiter erfolgreich sind. Jeder Mitarbeiter hat andere Eigenheiten. Nimmt der Vorgesetzte nicht angemessen Rücksicht auf sie, ist das Arbeitsziel früher oder später gefährdet.

Bevor auf menschliche Eigenheiten näher eingegangen wird, empfiehlt sich ein objektiver Blick auf zwischenmenschliche Probleme.

Vielleicht sieht man dabei schon bald, daß sich selbst abwegige Charaktere nicht negativ auswirken müssen; entscheidend ist, wie sie von einer Gemeinschaft aufgenommen werden. Andrerseits wird auch offensichtlich, daß zu viele positive Vorbilder einer guten Zusammenarbeit abträglich sein können.

Den effektiven Auswirkungen von Eigenheiten begegnen wir alle Tage. Typische Situationen benennen wir und oft finden wir für sie auch Redensarten. Diese wiederum helfen uns, die einflußreichen Eigenheiten in ihrem Umfeld zu erkennen.

Weiß man, wie sich eine Zusammenarbeit unter gegebenen Mitarbeitern bei bestimmten Arbeitsverhältnissen entwickeln kann, fällt es leichter, den angemessenen Führungsstil zu finden.

Die hochentwickelte Verhaltensforschung verheimlicht heute nichts mehr. Sie leuchtet in die feinsten Ritzen möglichen menschlichen Verhaltens und bedient sich einer Sprache, die selbst scheinbar unbedeutende Einzelheiten zu unterscheiden weiß. Manchmal erhält man jedoch den Eindruck, daß diejenigen, die im komplexen Arbeitsfeld des Unternehmens führen müssen, der Sprache der wissenschaftlichen Führungspsychologie fremd gegenüberstehen. Die Ursache muß dabei weniger in der Unfähigkeit oder der Bildungsfaulheit der Vorgesetzten gesucht werden, als vielmehr in der zu großen Kluft zwischen dem, was im psychologischen Treibhaus wächst und dem, was die Zusammenarbeitswirklichkeit unter freiem Himmel zeigt.

Viele Vorgesetzte sind einer ernsthaften Auseinandersetzung über menschliche Führungsprobleme durchaus zugänglich, vor allem, wenn sie von konkret ansprechbaren Fällen ausgehen, der Grad der Abstrahierung somit minimal ist, der Vergleich, das Hineinprojezieren der eigenen Probleme möglich wird.

Seminare über Mitarbeiterführung gehen denn auch meistens von sogenannten Fallbeispielen aus. Vorkommnisse geläufiger und auch spezieller Art werden untersucht und die richtigen Verhaltensmaßregeln werden gemeinsam entwickelt.

Mit jedem neuen Fall erfährt man, wie man sich in bestimmten, meist wiederkehrenden Situationen verhalten soll. Aus der Summe erlebter Fälle bildet sich die Erfahrung.

Wenn man vom erfahrenen Vorgesetzten spricht, denkt man unwillkürlich an eine Persönlichkeit, die gelernt hat, das Erlebte positiv in richtige Mitarbeiterführung umzusetzen.

Erfahrung ist für das Führen äußerst wertvoll; daher ist sie sehr gesucht; daher gibt es so viele Führungsseminare und soviele Führungsfachbücher. Wenn man sieht, was sich auf diesem Gebiet tut, müßte man doch eigentlich annehmen dürfen, daß Dank des vertieften und verbreiteten Führungsbewußtseins die meisten herkömmlichen, zwischenmenschlichen Probleme von unseren Arbeitsgemeinschaften gewichen sind. Tatsächlich sind in dieser Hinsicht einige positiv stimmende Ansätze nicht zu übersehen. Dennoch begegnen wir im Bereich der Mitarbeiterführung ständig neuen Situationen, die uns fürs erste unerklärlich scheinen. Manchmal wird der sichtbar gewordene Kommunikationsnotstand in unseren Unternehmen als Ursache angesehen. Nicht nur der Verdacht, daß man sich in unwesentliche Einzelheiten verloren oder den Kern der Sache nicht gesehen hat, sondern daß man sich in vielen Dingen mangels offenen Spiels sogar hinter das Licht geführt fühlt, greift eher vermehrt um sich. – Angesichts des vollkommen unverständlichen Verhaltens von Vorgesetzten und ihren Mitarbeitern, kann man sich oft sogar des Eindrucks nicht erwehren, daß es in unseren Arbeitsgemeinschaften Stellen gibt, die aus Gründen der Perspektive, die Hierarchie der Zusammenarbeitsprobleme im Kopfstand ansehen und wenn ihnen dieser Akt der Akrobatik zu mühsam ist, vorerst versuchen, das Roß am Schwanz aufzuzäumen. Wie oft übersehen dabei selbst liebens-

14

würdige und hochgeschätzte Arbeitskollegen, daß es viel einfacher wäre, auf solche Kunstgriffe zu verzichten, daß heißt, die menschlichen Probleme so zu sehen, wie sie sind, die Gedanken von schemenhaften Vorstellungen und die Augen vom Papier zu lösen. Dieses Unterfangen – die Praxis zeigt es – muß komplizierter sein als man denkt, es läßt sich nur viel leichter erklären!

Redensarten sprechen einfach und direkt aus dem uns vertrauten täglichen Leben. Anhand weniger Beispiele – es gibt beinahe eine unendliche Zahl von Redensarten in Form geflügelter Worte, die sich auf Zusammenarbeitsverhältnisse beziehen – wurde versucht, die natürlichen, zwischenmenschlichen Probleme der Gemeinschaftsarbeit wieder etwas näher zu bringen, nachdem sie vielerorts durch die komplexer und – nicht zuletzt infolge des Computers – anonymer gewordenen Gesellschaftsformen, etwas stark in den Hintergrund gerückt sind.

Vielleicht kann aus dem einen oder anderen Geschichtchen ein Hinweis entnommen werden, der, wenn er sinnvoll weitergegeben wird, einem Kollegen, Mitarbeiter oder Vorgesetzten helfen kann, den Ausweg aus einer verfahrenen Situation oder das Gleichgewicht wieder zu finden.

Nach dieser Deutung der »Stolpersteine« könnte natürlich der Vorwurf erhoben werden, daß es mit einigen spitz formulierten Redewendungen nicht denkbar sei, die Grundprobleme der Mitarbeiterführung zu beschreiben und daß auf diesem Gebiete der Trivalisierung eindeutige Grenzen gesetzt werden sollten. Dieser Ansicht ist lediglich entgegenzuhalten, daß viele unserer Mitmenschen, der stärkere und vernünftigere Teil unserer Arbeitskollegen, mit der hohen Wissenschaft nicht immer zurecht kommen; das gibt auch den, von den Wirren des Berufsalltages gequälten Vorgesetzten, Mitarbeitern, aber auch zufälligen Schreiberlingen immer wieder Mut!

Wie erscheinen uns die Stolpersteine?

Die Stolpersteine, so wie sie uns bei der gemeinsamen Arbeit entgegentreten, werden in einem *ersten Teil* wertungslos, als Begebenheit, mit der wir uns gewohnt haben, zu leben, erfaßt und beschrieben. In einem *zweiten Teil* wird die Bedeutung des angetroffenen Stolpersteins untersucht. Wie hart ist er, was verbirgt sich hinter ihm? Wie bedrohlich oder aber aufrüttelnd, ermutigend kann er sein?
Im *dritten Teil* wird einigen Überlegungen nachgegangen, wie Stolpersteine umgangen werden können, wie sie in einer Arbeitsgemeinschaft als selbstverständliche Hindernisse hingenommen werden müssen oder als willkommene Stationen längs des Zusammenarbeitsweges begrüßt werden dürfen.

1 *Vor lauter Bäumen den Wald nicht sehen*

Problembäume

Reihen sich Ereignisse und Feststellungen in loser, zeitlich gestaffelter Folge aneinander, besteht die Möglichkeit, sich jedem Problem in angemessener Weise anzunehmen. Leider ist es in der Wirklichkeit selten, daß Tatsachen und neue Impulse gut dosiert auf uns zukommen. So werden wir gelegentlich vom laufenden Geschehen überrannt; eine Fülle von Aufgaben sollte auf einmal und plötzlich gelöst werden. Zusehends wird es schwieriger, die Flut brennender Probleme zu überblicken, die sinnvolle Reihenfolge des Vorgehens zu finden und die Einzelheiten weiterhin sorgfältig zu pflegen.

Von einer gewissen Anzahl Bäume an sprechen wir nicht mehr von Bäumen, sondern von einem Wald. Wie viele Bäume braucht es, daß wir den in seiner vollen Dichte gewachsenen Wald nicht übersehen?

Die Beantwortung dieser Frage hat große Tragweite, weil die Probleme der Bäume, die einen Wald bilden, anders anzupacken sind, als Probleme die von freistehenden, einzelnen Bäumen ausgehen.

Der Einzelbaum ist direkt ansprechbar. Bei dem im Wald eingegliederten Baum ist mehr Umsicht nötig. Das dichte Nebeneinanderstehen hat die Bäume im Wald voneinander abhängig gemacht. Die Bäume stützen sich oder verdrängen sich. Das Wachstum des einen Baumes hängt vom Verhalten des Nachbarbaumes ab. Wird im Wald unbedacht mit Säge und Axt eine Schneise geschlagen, riskieren selbst stramme Bäume, da sie den umgebenden Schutz verloren haben, beim nächsten Windstoß geknickt oder entwurzelt zu werden. Den Einzelbaum im Wald zu pflegen, geht nicht ohne Rücksichtnahme auf die anderen Bäume.

Angesichts einer Vielzahl sich nahe stehender, sogar in sich verhängter

Fragen, ist man versucht, vorerst die unmittelbaren, augenfälligen anzupacken. Natürlich besteht dabei die Gefahr, daß man ohne die Sicht auf die Gesamtsituation zu handeln beginnt. Sicher sind die Ursachen, die zu diesem, doch recht kurzsichtigen Verhalten verleiten sehr verschiedenartig. Ein Grund mag darin liegen, daß vor lauter Bäumen der Wald nicht gesehen worden ist!

Wenn der Baum statt der Wald behandelt wird

Die Suche nach der Lösung für einen unabhängigen Einzelfall kann niemals in gleicher Weise vor sich gehen, wie bei einem Problem, das lediglich ein Bestandteil eines umfassenderen Ganzen ist. Trotzdem wird sehr häufig auf diesen entscheidenden Unterschied nicht eingegangen.
Der eigene Standort bestimmt den Blickwinkel und begrenzt zugleich die Übersicht. Oft möchte man lieber zuerst Einzelprobleme lösen, weil man sich vor den Abhängigkeiten innerhalb eines Problemkomplexes fürchtet. Denn die Ergründung der Zusammenhänge braucht Zeit, Beweglichkeit und offene Sinne.
Ein abgegrenztes Einzelproblem läßt sich mit Geschick und gutem Willen gezielt bearbeiten. Daher wird gerne versucht, eine Sachfrage so schnell als möglich zu isolieren, um sich ihrer, von der Nachbarschaft ungestört, annehmen zu können. In größeren Organisationen und breitgefächerten Verwaltungen gelingt dies gelegentlich. Unübersichtliche, verwahrloste Führungsverhältnisse liefern oft eine treffende Tarnung, um einer gutgläubigen Mitarbeiter-Umgebung verständlich zu machen, daß die vorliegende Situation einfach und als Einzelfall zu bewältigen ist. Ein verwirrendes Umfeld ermöglicht natürlich auch eine andere Taktik: Sofern ein erkanntes Einzelproblem nur eine dornenvolle Entwicklung erwarten läßt, wird es ausweichend in einen größeren Zusammenhang gebracht. Gelingt dieser Schritt, wurde ein Problem erfolgreich in den

18

»Wald« abgeschoben, ist jedermann davon überzeugt, daß hier nunmehr keine Einzelfrage, sondern ein komplexer, also nur schwerlösbarer Fall vorliegt.

Ob kurz oder lang zeigt sich immer, ob es richtig gewesen ist, den »Einzelbaum« aufzufassen, oder ob es besser gewesen wäre, den Wald zu sehen und daher folgerichtig nach den Grundsätzen der Forstwirtschaft vorzugehen. Falsche Einschätzungen eines Problemgewichtes haben immer negative Folgen. Sie sind um so tragischer, je größer die Differenz zwischen der angenommenen Zahl von Bäumen und den tatsächlich vorhandenen ist.

Das Verhalten im Walde

Da in einem Unternehmen echt unabhängige Einzelprobleme recht selten sind und die laufenden Aufgaben fast immer teilweise in einen Problemwald hineinragen, ist es ratsam, sich den Gesetzen des Waldes ernsthaft anzunehmen. Entscheidend dabei ist, daß die bestimmenden Elemente richtig eingeschätzt werden:
- Wie ist der Wald aufgebaut?
- Welche Bedingungen müssen erfüllt sein, damit der Wald überhaupt entstehen kann?
- Welche Stoffe, welches Wetter, welche Umwelt erhalten den Wald am Leben?
- Welche besondere Pflege eignet sich, um den Wildwuchs zu verhindern?
- Welche Freiheiten müssen dem einzelnen Baum des Waldes zugestanden werden, damit er sich seiner Art entsprechend gesund entwickeln kann?

Mit den Antworten auf diese Fragen kann es gelingen, den einzelnen Baum richtig zu sehen, ohne den umgebenden Wald zu übersehen. Der

Einzelbaum wird zum Bestandteil des Waldes. Die Hinnahme dieser Gegebenheit läßt nun Methoden und Maßnahmen reifen, die es ermöglichen, von der generellen Art der Behandlung des Waldes ausgehend auch auf den einzelnen Baum einzuwirken.

Unüberlegte Kahlschläge, schutzzerstörende Abholzungen von Waldrändern, aber auch die übertriebene, vergebliche Pflege eines kränkelnden Baumes inmitten eines Waldes, werden als Fehllogik erkannt.

In einer unternehmerischen Gemeinschaft braucht es als erstes klare Strukturen, damit ein geordneter Wald und kein Dschungel entsteht. Strukturen allein liefern die Voraussetzungen, um ein auftretendes Problem am richtigen Ort und in der richtigen Weise zu lokalisieren. Da Problemwälder manchmal raumgreifend und unwegsam sind, ist es selbst in der besten Organisation immer wieder nötig, den Wald zu begehen, bevor jemand ausgeschickt wird, an irgendeiner Stelle einen Baum zu fällen. Je lichter und übersichtlicher ein Wald ist, um so eher kann auf dem Weg nach der richtigen Lösung menschliches Ermessen mitspielen. Gerade aus diesem Grunde darf die Zeit, die bei der gemeinsamen Problemabtastung aufgewendet wird, nicht als verloren gelten. – Führungssystematik, Rezepte und Methoden sind wohl zweckmäßig, um Aufgaben und Projekte anzugehen. Solche Instrumente allein reichen aber nicht immer aus, um Lösungen zu finden, die der effektiven Tragweite und den feinmaschigen Verhältnissen der überdeckenden Gesamtsituation gerecht werden.

Mit einer breit abgestützten Meinungsbildung, die das Einfließen der bekannten und gemeinsam ersichtlichen Wirkfaktoren ermöglicht, kann man auch verhindern, daß gutes Holz falsch eingeschätzt und zerhackt wird. An der Stelle eines fälschlicherweise geschlagenen Baumes wächst nicht so schnell wieder ein gleicher Baum nach. Ein einmal falsch gelöstes Problem bleibt falsch gelöst. Eine Verbesserung erfolgt immer erst später; was in der Zwischenzeit geschieht ist ungewiß, fast durchwegs wenig erfreulich.

Der »Förster« im Unternehmen sollte in der Lage sein, die schlagreifen Bäume zu bezeichnen und anzuleiten, wie vorzugehen ist, wenn Probleme, aus der Nähe als Einzelbäume erkennbar sind, sich in Wirklichkeit aber als üppigen Wald entpuppen!

Veränderungen unserer Zivilisation können sich mit der Zeit auch auf den Wuchs der unternehmerischen Wälder auswirken. Vielleicht werden die einen Baumsorten besser, die andern schlechter gedeihen und der Charakter des Waldes kann sich wandeln. – Solange aber Menschen sich die organisatorisch zusammenfassenden Formen von Unternehmen geben, werden die Problemwälder bestimmt noch nicht aussterben!

2 An den Pranger stellen

Der Missetat überführt

Als Pranger wird ein steinerner oder hölzerner Pfahl verstanden. An diesem Pfahl wurde früher der gerichtlich als schuldig Befundene angebunden und dem Spott der Öffentlichkeit ausgesetzt. Nicht selten hatten die derart Verurteilten allerlei Beleidigungen und auch körperliche Mißhandlungen zu erdulden.

Jede menschliche Gesellschaft kennt Gesetze, die festlegen, in welcher Weise Fehlbare zu bestrafen sind. Je nach Ausmaß und Bedeutung einer Missetat kommen unterschiedliche Strafen in Frage. Auf der einen Seite finden sich Urteile, die an das Leben und an den Besitz des Betroffenen greifen. Auf der anderen Seite begegnen wir Sanktionen, die die Ehrenwürdigkeit der Fehlbaren treffen. – Eine häufige Strafe in der Zeit unserer Vorfahren, die auf die persönliche Ehre abgezielt hat, bestand im öffentlichen Ausstellen des Delinquenten am Pranger.

Verurteilt und ausgestellt

Sehen wir uns im Unternehmen um, so ist im heutigen Alltag eher selten von Gerichtsurteilen die Rede und auch kein Prangerpfahl ist zu erblicken. Trotzdem hört man oft davon, daß Mitarbeiter oder Vorgesetzte an den Pranger gestellt werden.

Falsche Entscheide und ungenügende Arbeitsausführung, vor allem, wenn eine ganze Arbeitsgemeinschaft die Folgen davon ausbaden muß, rufen immer nach Schuldigen.

22

Ob zu recht oder zu unrecht, der Name des Schuldigen wird genannt. Der auf diese Weise »Angeprangerte« erhält wenig Komplimente. Rund um ihn baut sich eine Stimmung auf, die leicht ins Polemische ausartet. Dem Schuldigen werden auf der Woge der Empörung nun auch Dinge zur Last gelegt, die mit seiner üblichen Tätigkeit überhaupt nichts zu tun haben. Kein Wunder, daß der an den Pranger Gestellte in einem Maß erniedrigt und geschmäht wird, das weit außerhalb seines allfälligen Verschuldens liegt.

Bestimmt schätzen es nur Wenige, ausgestellt und wehrlos dem Hohn und Spott ausgesetzt zu sein. Gelegentlich spricht man zwar davon, daß sehr selbstsichere und mutige Mitarbeiter solche Prozeduren gelassen ertragen. Vielleicht wissen sie aus früheren Erfahrungen, daß man die eigene Person, die eigene Ehre, nicht allzu hoch einschätzen darf und sich daher auch nicht sofort und demonstrativ als verletzt zeigen darf. Die Erkenntnis, daß man sich die Ehrwürdigkeit nicht selber gibt, sondern daß sie von den Mitmenschen verliehen wird, dämpft zu überstürzte Reaktionen.

Erfahrungen zeigen auch, daß der Aufenthalt am Pranger fast immer überlebt wird und daß jene, die gespottet haben, oft selber in ein schiefes Licht geraten.

Am Pranger ausgestellt zu sein, kann sogar Gunst bedeuten. Nicht selten wird der Verhöhnte zum Helden, wenn sich nachträglich herausstellt, daß er schuldlos, einfach aus einer böswilligen Stimmung heraus angeprangert wurde und er die ganze Erniedrigung überlegen und vorbildlich überstanden hat.

Unsere Arbeitsgemeinschaften sind aber weniger mit Helden als vielmehr mit Fußvolk angefüllt. Ein breites Spektrum von fröhlichen, schwermütigen, zarten, groben, berechnenden, oberflächlichen, gutgläubigen und sturen Mitarbeitern füllt die Arbeitsumwelt. Viele von ihnen haben wenig Überblick und jeder sieht die Bedeutung seiner eigenen Person aus andern Augen. Die Vielschichtigkeit der Ansichten über sich und die Umwelt führt auch dazu, daß mancher Mitmensch, sobald er infolge eines Fehlers oder Mißgeschicks in die Enge getrieben ist, sich selbstkritischer Gedanken annimmt. Diese Art der Besinnung erhält einen weiteren Grad der Intensität, wenn der Druck von außen, zum Beispiel über eine offensichtliche und ehrenrührige Strafe verstärkt wird. Robuste und Überlegene können Fehler und deren Folgen ertragen. Zu selbstsichere Mitarbeiter suchen oft und lange den Fehler anderswo, nur nicht bei sich selbst. Der Feinfühlige und Unsichere sieht bald ein, daß er seine Schuld nicht abwenden kann; es liegt ihm nicht, entschlossen zu kämpfen; eher hadert er mit dem Schicksal und fügt sich.

Ein starker Mitarbeiter bringt es fertig, Anschuldigungen abzuweisen oder zu ertragen und zu überdauern. Im Gegensatz dazu, sitzt beim Schwächeren die erlebte Erniedrigung tiefer.

Mancher kühne Draufgänger, der einmal dazu gezwungen wurde, am Pranger zu stehen, hat für die Zukunft einiges hinzugelernt und hütet sich davor, erneut in eine solche Situation zu geraten. Allfällig erlittenes Unrecht ist für ihn ein Anreiz, künftig mehr auf sein Recht zu achten. Der wenig Schlagfertige, der Wehrlose und der Gutgläubige dagegen verdauen das Erlebnis am Pranger nicht so schnell; vieles bäumt sich vor der Vergessenheit auf. Es bleibt etwas zurück, das seine Denkweise mindestens unterschwellig weiter beeinflußt: Wieso sollte gerade er schuldig sein? Wieso wurde er von seinen Kollegen, die ja die Verhältnisse auch kennen, dem Pranger preisgegeben. Solche und ähnliche Fragen drücken schwer und daher ist sein Weg zurück zu einem ausgewogenen, spontanen und offenherzigen Verhalten manchmal sehr lang. In der Zwischenzeit ist er weniger bestimmt und eher noch ängstlicher.

Eine Frage kann nicht schlüssig, sondern nur mit Vermutungen beantwortet werden: Wer wird eher an den Pranger gestellt, ein widerstandsfähiger Starker oder der wehrlose Schwache?

Oft werden gerade die Schwachen ausgewählt; sie lassen sich einfacher erwischen und einmal am Pranger, machen sie wenig Schwierigkeiten, sie resignieren eher. Die Starken schreien in der Regel lauter, gebärden sich wie wilde Tiere und verstehen es auch eine größere Gefolgschaft, die ihrerseits bedrohlich werden könnte, um sich zu scharen.

Vom Pranger befreit

Zukunftsgläubige und Optimisten, vor allem auch solche, die über der Sache stehen, wissen, daß die Schmähung am Pranger nicht überbewertet werden darf. Sie versuchen rasch wieder Boden zu fassen, sie ziehen die Lehren aus dem Erlebten und bereiten sich für neue Taten vor. Sie sind sich auch bewußt, daß ihre Anerkennung und Ehrenwürdigkeit erst wieder durch überzeugende Taten gesundet. Der Weg zurück in die Freiheit ist für sie ein glücklicher Moment. Sie können wieder selbständig handeln, sie müssen nicht länger zusehen und erdulden. Der Pranger hat in solchen Fällen wahrscheinlich keine persönlichkeitszerstörende Langzeitwirkung.

Bei weniger Robusten dagegen bleibt etwas zurück. Sie haben Mühe, den Flecken im Reinheft als Nebensächlichkeit anzusehen.

Nun sind es aber gerade die vielen mittelmäßigen, die feinfühlenden und stillen Schaffer, die die Substanz in einem Unternehmen erzeugen und die Kontinuität untermauern. Es darf daher, obwohl eine große Zahl solcher Mitarbeiter zur Verfügung stehen, nicht gleichgültig zugesehen werden, wie kreative dienstbereite Individuen bloßgestellt werden. Vielfach genügt eine unachtsame Bemerkung, ein unüberlegt hingeworfener Verdacht, um Anlaß zu einer breit aufflammenden Verketzerung zu geben. Unsäglich viel Energie kann verloren gehen, wenn wilden Verspottungen eines Mitarbeiters freien Lauf gelassen wird.

Es ist durchaus denkbar und angebracht, daß ein begangener Fehler unter Namensnennung öffentlich gerügt wird. Entscheidend dabei ist aber, daß die Gründe, die dazu geführt haben, offen dargelegt werden. Sonst ist bereits der Keim für die Verbreitung von Verdächtigungen, Gerüchten und Unwahrheiten gelegt. Diese Erniedrigung mit unfaßbaren und oft ungerechtfertigten Anschuldigungen bringt vielen Opfern eine kaum aus dem Wege zu räumende Ungewißheit, die sogar in Rachegefühle münden kann.

Der Pranger, der die organisierte Demütigung ermöglicht, mildert die

Folgen eines begangenen Fehlers keineswegs, sondern bildet die Basis für neue Fehler. Wenn trotz aller Führungskunst einmal eine Prangersituation eingetreten ist, so sollte es eine der vornehmsten Pflichten eines Vorgesetzten sein, wieder klare Verhältnisse zu schaffen, den Betroffenen wieder echte Chancen für den Wiedereinstieg in die Gemeinschaft zu geben, was auch den Mut voraussetzt, diejenigen Mitarbeiter, die aus Leibeskräften der Besudelung gefrönt haben, in entschlossener Art zur Rechenschaft zu ziehen.

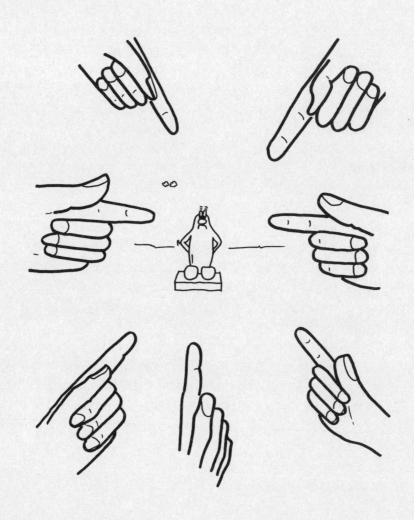

3 *Die Finger verbrennen*

Folgen der Hitze: Schmerz

Finger lassen sich auf recht verschiedene Arten verbrennen. Als wichtige Voraussetzung für alle Formen des Fingerverbrennens gilt, daß eine Hitzequelle vorhanden und jemand unvorsichtig oder waghalsig genug ist, seine Finger der Hitze auszusetzen. Finger gelten gemeinhin dann als verbrannt, wenn das Maß wohltuender Wärme überschritten, wenn Schmerz empfunden wurde oder die Finger sogar sichtbaren Schaden genommen haben.

Angesengte Finger schmerzen. Unter dem Eindruck des Schmerzes leidet nicht nur der Betroffene selber, sondern meistens auch die vom Stöhnen aufgewühlte, menschliche Umgebung. Der Gebrannte strahlt keine Fröhlichkeit mehr aus; Mut, Zuversicht und Tatendrang sind erheblich eingeschränkt. Es braucht eine gut verankerte, optimistische Grundhaltung und viel Selbstüberwindung, daß selbst mit angebrannten Fingern der Rhythmus des Handelns erhalten bleibt.

Während der Zeit des schmerzlichen Empfindens wird die Welt aus andern Blickwinkeln angesehen. Fragen ungewohnter Art tauchen auf: Was habe ich falsch gemacht? War ich unvorsichtig? Hat man mich erwischt? Oder hat lediglich das Schicksal unerbittlich zugeschlagen? Welche Ursachen auch immer verbrannte Finger bewirken – mangelnder Tastsinn oder falsche Beurteilung der Lage –, der Schmerz löst manchen tiefergehenden Gedanken aus.

Vorsichtsmaßnahmen

Von verbrannten Fingern spricht man in manchem Bereich unseres Arbeitsalltags; dabei muß die Ursache nicht immer in der, durch den Tastsinn wahrnehmbaren Hitze liegen.

Im betrieblichen Zusammenleben bilden sich oft Situationen, die ein beherztes Handeln einzelner Mitarbeiter nötig machen. Es muß zum Beispiel gelegentlich über eine Sache Auskunft erteilt werden, die man noch zuwenig kennt. Wenn sich dann der betreffende Sachverhalt offenbart, kann sich herausstellen, daß die schnell abgegebene Aussage zu voreilig, vorwitzig und jedenfalls unvorsichtig war. Ähnlich ergeht es jenem, der trotz ungenügender Unterlagen, sich zu einem wichtigen Entscheid genötigt sieht. Erweist sich dieser Entscheid später als falsch, ist mit Reaktionen zu rechnen; je nach der Bedeutung des Vorfalles sind schmerzhafte Folgen – verbrannte Finger mögen im Vergleich dazu sogar als harmlos erscheinen! – nicht auszuschließen.

Der Ausgang schlecht berechenbarer Aktionen bleibt immer ungewiß. Der Vorsichtige überlegt, wägt ab und versucht, über alle Wege, die möglichen Schwierigkeiten zu erkennen; die Wahrscheinlichkeit, daß er durch sein Handeln persönlichen Schaden nehmen könnte, wird geringer.

Die Verantwortung über einen Mißerfolg trifft in der Regel die Aktiven einer Arbeitsgemeinschaft. Die Passiven erleiden selten die Folgen eines Risikos. Und dennoch, ein beliebiges Wiederholen von Aktionen, die mit verbrannten Fingern enden, schätzen auch unvorsichtige Mitarbeiter nicht; meistens werten sie selbst oder sicher ihre Vorgesetzten die Erfahrungen aus: Gebrannte Kinder fürchten das Feuer! Aber nicht alle in gleicher Weise. Immerhin ist bekannt, daß aus dem Erlebnis mit verbrannten Fingern unter anderem folgende Lehren gezogen werden:

– Der geborene »*Draufgänger*« erinnert sich in der Regel nicht lange an erlittene Niederlagen, sondern schaut nach vorne und schreitet zu frischen Taten. Erneutes Verbrennen der Finger fürchtet er wenig;

28

er verfügt über Erfahrungen für das Verhalten in zu heißen Situationen und auch mit verbrannten Fingern. Bei einer solchen Ausgangslage ist allerdings auch das Risiko groß, sich seine Finger einmal derart gründlich zu verbrennen, daß entschlossenes Handeln für absehbare Zeit gar nicht mehr möglich ist.

- Der *Überlegte* hat sich die schmerzlichen Erfahrungen zunutze gemacht. Er möchte sich nicht mehr unnötig in Schwierigkeiten begeben und sichert sich nun vor einem Entscheid so weit als möglich ab. Er ist bereit, weiterhin Risiken einzugehen, jedoch nicht ohne genaue Abschätzung der möglichen negativen Folgen. Er kann somit mit gutem Gewissen aktiv sein. Stellt sich ein Mißerfolg ein, so ist er in der Lage, Schmerz zu ertragen und gegenüber seinen Arbeitskollegen gerade zu stehen.

- Der *Ängstliche* will sich auf keinen Fall mehr die Finger verbrennen. Er sieht ein, daß nie alles bis in die letzten Einzelheiten vorauskalkulierbar ist. Er möchte auch nicht Schmerzen ausgesetzt sein, nur weil mißliche Umstände dies bewirken könnten. Der erlittene Schaden, der Schmerz, hat ihn passiviert; er überläßt das Handeln andern und zieht sich zurück. Ob er sich wohl nicht gerade wegen seiner Passivität und des Laufenlassens des Geschehens, unversehens wieder einmal die Finger verbrennt?

Reaktionen, die als Folge verbrannter Finger entstehen, lassen in vielen Fällen die spezifischen Eigenheiten von Mitarbeitern besser erkennen; die Zusammenarbeitsverhältnisse werden so durchschaubarer:

Zu entschlossene Draufgänger, obschon ihnen viel Einmaliges zu verdanken ist, können, wenn sie infolge verbrannter Finger ausgefallen sind, in weitem Umkreis ihres Arbeitsfeldes gründlichen Schaden anrichten. Der Überlegte, der die gemachten Erfahrungen auszuwerten weiß, wird zur tragenden Stütze einer Gemeinschaft. Der Ängstliche, durch das schmerzhafte Erlebnis gezeichnet und entmutigt, bringt eine Gemeinschaft bestimmt nicht mehr weiter, er begleitet sie nur noch als Ballast.

Umgang mit heißen Dingen

Es leuchtet ein, daß man sich nie größerer Hitze aussetzen sollte, als man in der Lage ist, sie zu ertragen. Wohl jeder muß sich mit der Zeit über seinen persönlichen Hitzemaßstab einig werden.

Die Tatsache, daß in einem Unternehmen selbst heiße Dinge angefaßt werden müssen – der Arbeitsalltag ist leider nicht ausschließlich mit angenehm kühlen Begebenheiten angefüllt – , bedingt, daß sich ihrer jemand annimmt. Ein gesundes Unternehmen weiß es zu schätzen, wenn es in seinem Kreise über Mitarbeiter verfügt, die bereit sind, auch mit heißen Sachen umzugehen. Damit nicht unnötig Personen unter Hitzefolgen leiden, empfiehlt es sich, ein wachsames Auge auf Mitarbeiter zu halten, die sich in allzu kühner Art auf heiße Probleme stürzen. Trotzdem wäre es falsch, mittels Reglementen, Vorschriften und Weisungen möglichen Schaden im Vornherein vollständig verhindern zu wollen. Vielmehr braucht es seitens der Vorgesetzten gegenüber den Kühnen sogar eine gewisse Gelassenheit, wenn sie mit guter Absicht und vollem Tatendrang sich heißen Dingen nähern. Denn wir wissen ja, wenn niemand das Heiße anfaßt und es unschädlich macht, kann die Hitze weit mehr als nur Finger verbrennen.

Und wenn sich jemand schließlich die Finger verbrannt hat, sollte nicht allein der Gedanke nach Sanktionen den Raum erfüllen. Wichtiger ist, daß Mittel und gemeinsame Wege gefunden werden, um die entstandenen Wunden zu heilen und um sicherzustellen, daß gesunde Finger tätig bleiben.

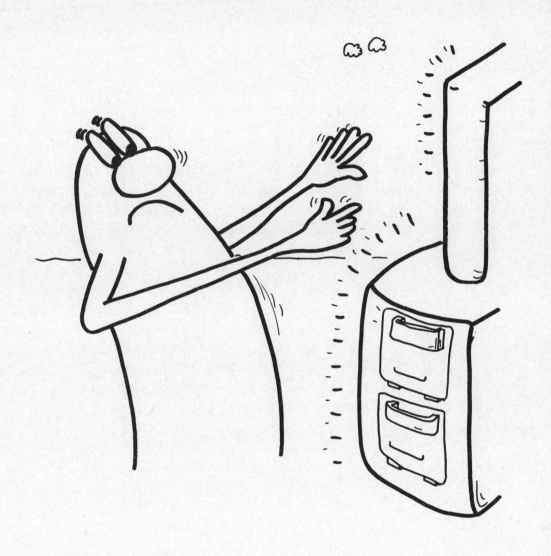

4 Durch die Blume sprechen

Direkte und indirekte Sprache

Es ist ein guter Brauch, Rücksicht auf die Gedanken- und Erwartungswelt seines Partners zu nehmen und nicht blindlings mit harten Worten zu protzen. Denn entscheidend bei jedem Wortwechsel ist ja, daß ein Gesprächsziel erreicht wird. Manchmal ist es daher weit sinnvoller anstatt »unverblümt«, schonungsvoll indirekt, aber dennoch nicht hinterhältig vorenthaltend zu sprechen. Die Möglichkeiten der indirekten Sprache sind vielfältig. Eine Form davon verwendet Blumen. Man kann »durch die Blume sprechen«!

Die Sprache dient uns dazu, die eigene Meinung zu äußern, Informationen weiterzugeben, Anweisungen zu erteilen, Fragen zu stellen. Die Sprache zwischen zwei Gesprächspartnern, von Angesicht zu Angesicht, in wenigen Worten, gilt als direkt und wirkungsvoll. Oft mangelt es jedoch nicht nur am Können, sich klar auszudrücken, sondern auch am Mut oder am Willen. Auch ist der Zuhörer nicht immer bereit, die Worte im Sinne seines Gegenübers aufzunehmen. Tastende, zurückhaltende, über Umwege ausweichende Gespräche kennzeichnen daher vielfach die zwischenmenschliche Kommunikation.

Zaghafte fürchten die Antworten; sie schauen während dem Sprechen beiseite oder hoffen gar, daß das Echo der in den Wind gesprochenen Worte beim gewünschten Empfänger doch noch ankommt.

Lange nicht alle ertragen die direkte Sprache. Manch einer fühlt sich schnell verletzt. Viele werden zugänglicher, wenn sie indirekt angesprochen werden, wenn man das, was man ihnen sagen möchte, durch ein erklärendes, schonendes Medium – es können Blumen sein – übertragen läßt!

Blumen stehen dazwischen

Ein farbenfroher Blumenstrauß mitten auf dem Tisch verdeckt die direkte Sicht auf den gegenübersitzenden Gesprächspartner. Die Partner können trotzdem miteinander sprechen. Die Blumen dämpfen den Schall kaum. Worte wechseln die Seite; ihr Klang ist weder durch vielsagende Mimik noch durch das Licht feuriger Augen belastet oder beflügelt, denn es stehen Blumen dazwischen.

Gelegentlich erhält man sogar den Eindruck, daß die natürliche Schönheit der Blumen viel von dem zu ersetzen vermag, was durch die gestörte, direkte Sicht verloren gegangen ist. Wohl nehmen Blumen die Anliegen der Gesprächspartner nicht auf und tragen sie auch nicht weiter; stumm sind sie dennoch nicht. Ihre Aussagen sprechen die Augen an und können auf diesem Wege bis zu schwarz-weißen Gedanken vordringen. Fast scheint es, daß das farbig frohe Leben der Blumen sich des Gemüts bemächtigt und dieses beweglicher, zuversichtlicher, freundlicher, farbiger stimmt.

Der Sprache der Blume gelingt es, sobald sie sich in eine Zweisamkeit mischt, manch hart gedachtes Wort zu erweichen, so daß es leichter und heller in den Ohren klingt.

Blumen begleiten Worte und geben ihnen einen neuen Sinn. Fehlen die Worte, bleibt nur noch die Aussage der Blumen. Sie vermögen somit an Stelle von Worten zwischen Menschen zu stehen. – Manchmal ist es wirklich besser, die Blumen sprechen zu lassen, als sich um Worte zu bemühen, die es noch gar nicht gibt!

Was nun, wenn nirgends Blumen helfend dazwischen stehen? Da bleibt immer noch die Möglichkeit, an Blumen denkend, sich farbig fröhlich zu geben, manchmal gelingt dies auch ohne Worte: Eine Haltung, eine Geste, ein entschlossener Schritt nach vorne oder ein einsichtiger Schritt zurück!

Losgelöst vom »tierischen« Ernst, angelehnt an Worte, die an Blumen erinnern, tönt manche bittere Tatsache weniger schroff, erhält manche graue Theorie Farbe und Leben.

Dank der blumigen Sprache reifen Gesprächsziele früher, als es mit der abstrakt, kühl berechnenden, farblosen, in Sachinteressen erstarrten Ausdrucksweise möglich ist.

Ausgewogene Sprache

Eine Arbeitsgemeinschaft lebt von Tatsachen. Selbst beste Stimmungen ernähren sie nicht. Schöne Worte – Blumen überall – können wohl zeitweise von der Geschäftswirklichkeit ablenken, sie aber nicht verdrängen. Viele Dinge sind nun einmal farblos, schwarz und weiß und lassen sich durch einen farbigen Anstrich nicht beschönigen.

Und doch werden gelegentlich Zweifel wach. Wären bei einer besseren Grundstimmung üble Folgen wirklich eingetroffen? Fehlte die Bereitschaft zu einem vernünftigen Dialog?

Wer nach vorne schaut, gelangt bald zur Überzeugung, daß in einem Gespräch nur das zählt, was ankommt. Das heißt, daß Worte und Gesten nur auf den Weg gegeben werden dürfen, wenn sie wirklich auch durch das Stimmungsmedium zwischen den Partnern getragen werden.

Ob eine sterile, kalte Luft in dieser Hinsicht besser geeignet ist, als eine Atmosphäre, die duftet und über gediegene, natürliche Farben Fröhlichkeit ausstrahlt, muß letztlich jeder selber entscheiden. Ein Hinweis dazu sei noch erlaubt: Vor jenen, die weder Blumen auf dem Konferenztisch noch in Worten gekleidet dulden, nehme man sich in acht!

5 *Das Gras wachsen hören*

Geräusche

Unser Wahrnehmungsvermögen kennt verschiedene Geräusche. Fallen sie zu laut aus, schmerzt es in den Ohren. Im Bereich des Wohlklangs hört man gerne zu. Was bedeuten die feinen, kaum vernehmbaren, die geheimnisvollen Geräusche? Manchmal bringen gerade sie wichtige Informationen; es lohnt sich daher, die Ohren zu spitzen! Ob man auf diese Weise sogar das Gras wachsen hört, ist allerdings ungewiß.

Es erweist sich immer wieder, daß entscheidende Dinge nicht laut genug gesagt werden. Diese Erkenntnis bereitet uns oft Sorgen und Kopfzerbrechen. Die Vermutung, daß ein kaum wahrnehmbarer Laut eine bedeutende Information enthalten könnte, verunsichert und erhöht die Aufmerksamkeit.

Die Gabe und die Fähigkeit gut zu hören, ist unter uns sehr unterschiedlich verteilt. Von Einigen glaubt man zu wissen, daß sie fast alles hören, man kann sich tatsächlich sogar vorstellen, daß sie selbst das Gras wachsen hören!

»Geräusche« müssen nicht immer akustischer Natur sein. Auch schwer durchschaubare Vorgänge, Ereignisse und Gerüchte, obschon man von ihrer Existenz weiß, lassen sich oft kaum in ihrer ganzen Tragweite erkennen. Dessen ungeachtet treffen wir gelegentlich menschliche Wesen an, die, wenn noch niemand etwas ahnt, schon genau wissen, wo etwas geschieht oder sich erst noch begeben wird. Man ist über ihre Voraussicht verblüfft. Darum bleibt die Erklärung eines solchen Vorfalles ab und zu bei der beeindruckenden Feststellung: »Er hört selbst das Gras wachsen!«

Hörtechnik

Was Menschen hören können, ist grundsätzlich bekannt; große Ausnahmen sind selten. Bei gewissen Geräuschen in einer Arbeitsgemeinschaft scheint dieses Naturgesetz jedoch manchmal nicht zum Zuge zu kommen. Sicher sind nicht nur die außerordentlich empfindsamen Ohren schuld daran, daß ein bestimmter Sachverhalt und eine davon abhängige Entwicklung frühzeitig erkannt wird. Die gereifte Erfahrung im Umgang mit Mitmenschen bringt es mit sich, daß bereits geringste Anzeichen genügen, um ein Ereignis vorauszusehen.
Selbst erfahrene Zuhörer können aber selten aufgrund eines einzelnen schwachen Tones mit Sicherheit voraussagen, was sich zutragen wird. Erinnert er sich aber an die Mosaiktechnik und fügt verschiedene Wahrnehmungen, die einzeln nichts zu sagen vermögen, wie Steinchen nach System und mit Sinn für Farben und Formen zusammen, so entsteht oft bald ein aussagendes Bild. Die Arbeitsumwelt, die Arbeitskollegen, die keinen Zugang zu diesem gedanklichen Mosaikspiel haben, wundern sich, wenn die unglaubwürdig erschienene Voraussage Wirklichkeit geworden ist. Wie war das möglich? Besitzt er besondere Fähigkeiten, einen siebenten Sinn? Der Glaube an das Überirdische läßt sich kaum verbannen: »Er hört selbst das Gras wachsen!«

Grenzen des Hörvermögens

So wie sich mit den Ohren nicht alles hören läßt, darf auch nicht von jedem Steinchen erwartet werden, daß es sich zur Gestaltung eines Mosaiks eignen würde.
Die Fähigkeit, aus den Eigenheiten und dem Verhalten des Einzelnen, konkrete, sachbezogene Schlüsse abzuleiten, dürfen nicht überschätzt werden.

37

Die tiefenpsychologische Analyse mag aus kleinsten Einzelheiten wohl manchen wertvollen Hinweis zu Tage fördern; im Endeffekt bleiben aber doch die handfesten Fakten entscheidend.

Auch Mosaikspiele verstehen nicht alle. Wenn sich das aus den einzelnen Steinchen zusammengesetzte Bild nicht in einfachen Worten erklären läßt, sollte man im Zweifelsfalle von der Weitergabe einer Interpretation absehen.

Es leuchtet ein, daß ein Vorgesetzter, der sich seiner Aufgabe gegenüber verpflichtet fühlt, fähig sein sollte, sich mit Tatsachen, und nicht nur aufgrund wahrgenommener Geräusche durchzusetzen. Das Vertrauen seiner Mitarbeiter schwindet, sobald er sich lediglich auf sein besonderes Hörvermögen beruft!

Doch wer selber das Gras noch nie wachsen gehört hat, sollte eigentlich vorsichtiger urteilen!

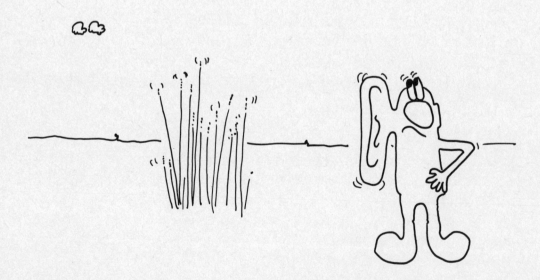

6 *Sand in die Augen streuen*

Sichtverhältnisse

Mit den Augen nehmen wir wahr, was um uns vorgeht. Unser Verhalten, unsere Äußerungen und unsere Entscheide werden weitgehend durch das, was wir sehen, gelenkt.

Wer nicht sehen kann, erhält viele Informationen nicht, die nötig sind, um sich ein objektives Bild der laufenden Vorgänge zu verschaffen. Doch selbst der begabteste und aufmerksamste Beobachter kann die gesuchten Objekte nicht sehen, wenn die Sichtverhältnisse schlecht sind oder das Augenlicht getrübt ist. Nebel, Rauch und Finsternis mögen die eine Ursache sein. Die klare Sicht des Betrachters leidet bestimmt aber auch, wenn ihm von irgend einer Seite »Sand in die Augen gestreut« wird!

Trübe Sicht

Die Augen können sich an Vieles gewöhnen. Einige bringen es fertig, im Dunkeln zu sehen und andere erkennen mit traumwandlerischer Sicherheit selbst bei Schneetreiben und Hagelschlag das Wesentliche. Auch das, was mit erkrankten und leistungsschwachen Augen noch gesehen werden kann, genügt über weite Strecken für das richtige und konsequente Handeln. Wichtig in solchen Fällen ist, daß über andere Sinnesorgane, wie beispielsweise das Gehör, den Geruchs- und den Tastsinn, jene Informationen zufließen, die die Augen nicht zu erbringen vermögen.

Wer jedoch unverhofft auf die genaue Sicht verzichten muß, braucht Zeit, um sich auf andere Sinnesorgane umzustellen. Diese Tatsache machen sich »Bösewichte« gerne zu Nutze. Sie wissen, daß Sand in den Augen die Sicht trübt.

Wie einfach ist es doch, etwas feinen Sand bereit zu halten, um ihn bei Gelegenheit in die Augen eines aufmerksam zuschauenden Mitarbeiters oder Vorgesetzten fliegen zu lassen. Dadurch nämlich ist sichergestellt, daß der Chef in vielen Dingen nicht mehr genau sieht.

Wer fein dosiert kaum wahrnehmbaren Sand in die Augen streut, erreicht damit sogar, daß der Getroffene vorerst noch gar keinen Verdacht schöpft, obwohl er inzwischen nur noch die Konturen, aber nicht mehr die entscheidenden Einzelheiten des Problems sehen kann. Das erfolgreiche »Sandmännchen« muß sich vor scharfen Blicken für einige Zeit nicht mehr fürchten. Beinahe unsichtbar kann es nun sein Werk verrichten und die bisher als sehr unangenehm empfundene Überwachung und Kritik erlahmt.

Mit der Zeit beginnt jedoch fast jede Art von Sand in den Augen zu kratzen. Manchem geneigten Vorgesetzten wird nun bewußt, daß er deswegen womöglich schon eine ganze Weile nicht mehr richtig gesehen hat.

Ob es Sand war? Diese Frage klärt sich bald. Von welcher Seite der Sand jedoch gestreut worden ist, bedarf oft noch eingehender Abklärungen. War es nicht nur die Witterung, sondern steckt eine Person dahinter, so lernt man mit der Zeit auch sie kennen; entweder über Spuren im Sand oder über Sand, der Spuren hinterlassen hat. Was in der Zeit des »getrübten Blicks« alles vorgefallen ist, bleibt auf die Dauer nie verborgen. Sanktionen gegen Schuldige mögen in der Folge tröstlich wirken. Trotz wiedergewonnenem scharfem Blick, kostet es viel Arbeit und Mühe, um die unüberblickte und daher vielleicht fehlgelaufene Entwicklung wieder in die richtigen Bahnen zu lenken.

Augenschutz

Im unternehmerischen Alltag darf man nicht jederzeit mit reiner Luft und Windstille rechnen. Manchmal fliegen Späne und Staub wirbelt auf. Es ist erwiesen, daß man sich selbst an derartige oder noch widerlichere Umstände, die sogar »ins Auge« gehen, gewöhnen kann. Die Angewöhnung kann dabei soweit gehen, bis man selber nicht mehr realisiert, ob man nur noch trübe, also durch einen Schleier sieht. Oft wird man sich dieses Zustandes erst bewußt, wenn Arbeitskollegen - zweifelnd oder schon bestimmt - aufmerksam machen, daß man die Dinge zu ungenau, verzerrt oder falsch sehe. Viele »Einsichtige« befassen sich nun mit den Ursachen, die zur schlechten Sicht geführt haben und schicken sich an, ihre Augen zu pflegen. –

Augenentzündungen sind heilbar. Die Quellen, von denen Sand und Staub ausgegangen sind, lassen sich zum Versiegen bringen. Sehen wir aber in die Runde unserer Mitarbeiter, will der Glaube an eine Zukunft mit reinster Luft trotzdem nicht so recht Fuß fassen. Wer sehen muß, was in seiner Umgebung geschieht, sollte sich spätestens nach den, mit dem Sand in den Augen gemachten Erfahrungen, folgender drei Vorsichtsmaßnahmen erinnern:

- Die Augen offen halten, um zu sehen, was sich tut und vor allem zu erkennen, wer Sand in den Händen hält.
- Die eigene Sehfähigkeit mit der Sicht von Arbeitskollegen vergleichen, um rechtzeitig zu erfahren, ab wann mit der eigenen Sicht etwas nicht mehr stimmt.
- Dort, wo sich »Sandmännchen« aufhalten, stets eine Schutzbrille tragen!

Vor allem die Mitarbeiter mit den weitoffenen, großen und vertrauensvollen Augen, sollten sich bewußt sein, daß sie auf »Sandmännchen« anziehend wirken, weil ihre Augen leicht zu treffen sind!

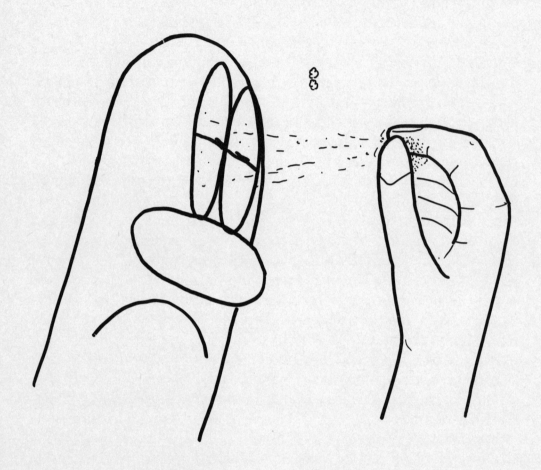

7 *Den Faden verlieren*

Der rote Faden

Ein ausgelegter Faden, ob er gerade, gewunden, voller Knoten oder in irgend einer Form gebogen ist, stellt eine Linie dar, längs der man sich bewegen kann. Liegt der Faden richtig, führt sein Ende an ein Ziel, das man sich ausgedacht und das man als erstrebenswert gewählt hat, so folgt man ihm gerne.

Der auf diese Weise leitende Faden bringt Zuversicht; er verhindert, daß man sich verirrt. Er verbürgt, daß der einmal festgelegte Weg konsequent eingehalten wird.

Wer diesen Faden rechtzeitig findet und ihn nicht verliert, hat somit gute Voraussetzungen, ein gestecktes Ziel zu erreichen. Viele Aktionen, sei es eine Ansprache, sei es beim Erklären einer Situation oder sei es beim Verfolgen eines Projektierungsablaufes, müssen nach einem Konzept durchgezogen werden. Alles muß in diesem Sinne derart zusammenhängend dargestellt werden, daß es von den Zuhörenden oder den Beteiligten begriffen wird.

Durch alles muß sich ein Faden – manchmal auch der »rote Faden« genannt – ziehen, der das Ganze zusammenhält. Weicht man von der Linie des Fadens ab, fehlt der Zusammenhang.

Oft sind es neue Umstände, manchmal ist es auch ein schwaches Gedächtnis, die vom Weg längs des Fadens ablenken. Was auch immer die Gründe sein mögen, das Resultat ist immer das gleiche: Informationen werden unvollständig, irreführend weitergegeben; sie verleiten zu falschen Beurteilungen; die Kommunikation, die Basis des zwischenmenschlichen Verstehens ist gestört.

Orientierungslos

Eine Arbeitsgemeinschaft darf, ohne ihre Existenz zu gefährden, nicht einen beliebigen Weg gehen, sondern nur jenen befolgen, egal ob er geradlinig oder kurvenreich ist, der sie zu ihrem Ziel führt. Mitarbeiter, die in einem Unternehmen eine verantwortungsvolle Funktion erfüllen, sich aber zu stark von der erfolgversprechenden Linie entfernen oder abbringen lassen, riskieren den Faden zu verlieren. Man darf sich nun nicht verwundern, wenn Aussagen und Handlungen nicht mehr zu einem konsequent aufgebauten Entscheidungsrhythmus führen.

Der Verlust der Zielorientierung ist sicher nicht immer gleich dramatisch zu bezeichnen. Manche spontane Diskussion gerät gelegentlich auf Ab- und Umwege, verläßt das Grundthema und bringt aber vielleicht gerade deshalb wertvolle neue und unerwartete Erkenntnisse. Eine kreative Zeit der Ungewißheit und des Suchens kann sehr fruchtbar sein. Wenn aber mehrere Mitarbeiter auf ein Ziel hin arbeiten, so bedarf es einer, den ganzen Vorgang verbindenden Leitlinie, auf die sich abstützen läßt. Fehlt sie, wird entweder auf unterschiedliche oder gegenläufige Ziele hin oder sogar ziellos gearbeitet.

Die wirklich leitenden Fäden sind nicht auffallend wie gezwirnte Ankerseile; oft treten sie vorerst unscheinbar in den Vordergrund. Der alles verbindende Faden wird aber durch die Zahl der ihm folgenden Mitarbeiter stark und stärker und gewinnt an Ausstrahlungskraft. – Der eine Gemeinschaft ausrichtende Faden erhält seine Festigkeit durch die Gedankenarbeit, die längs des von ihm aufgezeigten Weges ermöglicht wird.

Der Redner spricht nicht um der Worte Willen, sondern weil er seine Gedanken weitergeben will. Er sucht Verständnis und hofft, daß aufgrund seines Ausdrucks etwas geschieht. Sein Bestreben, sich an einen Leitfaden zu halten, ist sicher auch mit der Einsicht begründet, daß ohne Faden seine Worte in der Leere verloren gehen könnten.

Wesentlich unterschiedlicher gelagert sind die Verhältnisse in einer

Arbeitsgemeinschaft: Ohne den von allen anerkannten, gemeinsamen Faden wird nicht koordiniert gearbeitet. Es genügt nicht, ein gemeinsames Ziel zu sehen, der Weg, der zu ihm führt, kann trotzdem linienlos sein. Um ein Ziel sicher zu erreichen, braucht es Zeichen, die auf einen Weg schließen lassen. Der Faden längs dieser Wegzeichen hilft, die Tätigkeit der Mitarbeiter nach dem Ziel auszurichten. Fehlt die gemeinsame Linie, sind die negativen Folgen für die beteiligten Mitarbeiter größer als für den Einzelredner. Daher darf ein Redner auch gelegentlich spontan sprechen und damit das Risiko eingehen, ab und zu den Faden zu verlieren; die Tragweite hält sich in Grenzen. Der für die Zielerreichung einer Gemeinschaft Verantwortliche dagegen darf sich nie ein sprunghaftes und unüberlegtes Abweichen vom leitenden Faden erlauben.

Einen Faden finden, an den man sich halten kann

Wie stark darf der Faden das Reden und das Handeln leiten und prägen? Wieviel Spielraum darf noch offen bleiben? Diese Ermessensfragen sind wohl kaum je rezeptartig beantwortbar. Vor allem zwei Gründe sprechen dagegen:
- Im Blick auf ein Ziel, das man erreichen sollte, weiß man nicht, was unterwegs alles geschehen kann. Die Möglichkeit, laufend Wegkorrekturen vorzunehmen, muß daher dem Problem und dem Ziel angemessen offen bleiben.
- Wird zu umsichtig alles geplant und festgelegt, so entsteht der Eindruck, daß der gute Weg bereits vorgezeichnet und der Ideenreichtum und die Beweglichkeit der Mitarbeiter gar nicht mehr nötig ist. Bei solcher Geisteshaltung leidet unmittelbar die Arbeitsmotivation.
Der Faden sollte daher eine Linie zeigen, die noch soweit beweglich ist, daß auch Unerwartetes an ihn angeschmiegt werden kann. Wenn der

Faden, der eine Rede oder eine umfassende Handlung zusammenhalten soll, mit einer starren Eisenstange verwechselt wird, darf man sich nicht verwundern, wenn ein Ablauf korrekt, systematisch und speditiv durch-gezogen wird, sein Resultat, den Erfahrungen einer »Planwirtschaft« ent-sprechend, aber neben dem gesetzten Ziel vorbeigeht. – Fäden sollten Fäden bleiben, sie sollten nicht erstarren. Sicher ist auch, daß der ver-lorene Faden nicht durch Gehabe und Rhetorik ersetzt werden kann.

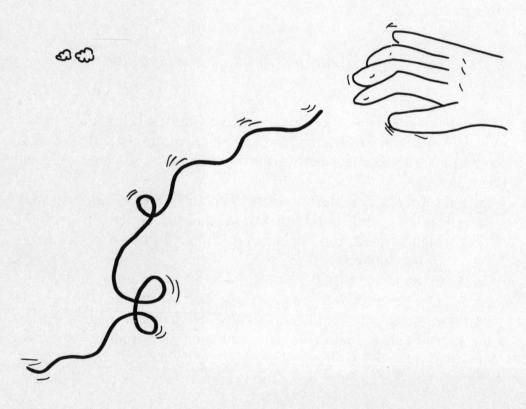

8 Zwischen die Puffer geraten

Aufeinanderprallende Kräfte

Was Puffer sind, kennen wir von der Eisenbahn her. Es sind mit starken Stahlfedern ausgerüstete Stoßfänger.

Der Puffervorgang geht im Normalfall harmlos, ja fast elegant und geschmeidig vor sich. Man ahnt es kaum, was für gewaltige Kräfte durch die Puffer unschädlich gemacht werden. Einzig, wenn die zu dämpfenden Kräfte die Kapazität der Puffer übersteigt, kann es durchaus vernehmbar krachen. Konkrete Anhaltspunkte über die wirklichen Kräfteverhältnisse erhält man ohne Zweifel beim Blick auf Gegenstände, die unglücklicherweise just im Moment des Aufeinanderprallens zweier Wagen zwischen die Puffer geraten sind. Fest steht, daß Lebewesen dort allgemein ein wenig erfreuliches Schicksal erleiden. Einzig bei kleinen, leichten Wägelchen, mit weichgefederten Pufferbeinchen, könnte die Pufferproblematik etwas gutartiger interpretiert werden. Aber selbst in den harmlosesten Fällen müssen die zwischen die Puffer Geratenen mit Stößen und schmerzhaften Schäden rechnen. Äußerst selten gelingt es, mit kräftigen Armen die aufeinander zurollenden Wagen zu fassen und sie zum Stehen zu bringen, bevor sie ein Unheil anrichten.

Zwischen den Puffern

Mitarbeiter und Vorgesetzte, wie auch ganze Gruppierungen und organisatorische Einheiten in einem Unternehmen, schreiten oft nicht friedlich nebeneinander, obschon dies zur Erreichung der gemeinsamen Ziele nötig wäre; Interessenskonflikte hindern sie daran, Gegensätze prallen wünschbar aufeinander. Steht niemand dazwischen, können sich die freiwerdenden Kräfte unter Getöse entladen. Zerstörungen und Substanzverlust sind nun kaum mehr zu vermeiden.

Glücklicherweise finden sich in gesunden Arbeitsgemeinschaften immer verschiedene, kräftig gewachsene Pufferbeine, so daß die täglichen, recht impulsiven Stöße aufgefangen werden, ohne daß es besonders auffällt. Werden allerdings die Gegensätze zu groß, so wird der Gleichmut und die Gelassenheit des übergeordneten Vorgesetzen bald einer harten Prüfung unterzogen.

Streiten sich zwei Mitarbeiter um eine Nebensächlichkeit, lassen sich die dämpfenden Mittel in der Regel einfach finden. Schwerwiegendere Verhältnisse liegen dann vor, wenn sich plötzlich ganze Interessengruppen gegenüberstehen, wenn nicht nur Einzelheiten sondern grundsätzliche Fragen drohen. Endpunkten solcher Entwicklungen, Puffersituationen, begegnen wir in einer Unternehmenslandschaft beinahe regelmäßig: Die Fabrik kann nicht mehr Produkte erzeugen, als es ihre Kapazität zuläßt. Manchmal möchten die Verkaufsgewaltigen aber, um einen Markt zu sichern, mehr Produkte absetzen, als die Fabrik zu liefern in der Lage ist. Der Produktionsleiter steht dazwischen. Von der Fabrik wird eine verbesserte Qualität verlangt; aus Gründen der Finanzierung können aber die dazu notwendigen Produktionsmittel nicht zur Verfügung gestellt werden. Der Produktionsleiter steht dazwischen. Die Verkaufsleitung verlangt, um den Markt verteidigen zu können, daß die Gestehungskosten reduziert werden. Gleichzeitig können aber weder die Seriengröße erweitert, noch die Produktionseinrichtungen rationalisiert, noch darf der Personalbestand reduziert werden. Auch hier steht der Produktionsleiter dazwischen. Die Zahl ähnlicher Puffersituationen läßt sich im Blick auf ein Unternehmen fast beliebig erweitern. Gerechtigkeitshalber sei auch zugebilligt, daß selbst der Verkaufsleiter sich zwischen den Puffern des Marktes und der Produktion befindet. Gesamthaft handelt es sich kurz um Situationen, die es verunmöglichen, den Forderungen und den Gegebenheiten zweier Seiten gleichzeitig zu entsprechen.

Soll es ein Produktionsleiter darauf ankommen lassen, was das Schicksal bringt und zusehen wie die Kräfte aufeinanderprallen? Soll er sich gar entschieden auf die vorteilhafter erscheinende Seite schlagen? Soll er bewußt dazwischen treten und mit gutem Mut versuchen, Unmögliches möglich zu machen? Oder findet er jemanden, der an seiner Stelle die in Bewegung geratenen Kräfte anhält?

Wichtig bei den umschriebenen Beispielen ist einzusehen, daß Vorgesetzte, die ihre leitende Aufgabe wahrnehmen wollen, es grundsätzlich nie ganz vermeiden können, trotz aller Vorsicht plötzlich zwischen den Puffern zu stehen.

Kräfte nutzen

Das Arbeiten in Gemeinschaften setzt Kräfte frei. Sie heben und verschieben Substanz in der Richtung des gemeinsamen Zieles. Wird das Ziel nicht mehr erkannt oder von einigen Gruppierungen plötzlich auf einer anderen Seite gesehen, entstehen Zielkonflikte: Kräfte wirken nicht mehr parallel und sich ergänzend, sondern nun oft gegenseitig sich zerstörend Staub und Trümmer hinterlassend.

Sieht man, wie in Bewegung geratene Kräfte sich gegenüberstehen, so ist der zuständige Vorgesetzte in jedem Fall angesprochen. Er steht nun zwischen den Puffern und sollte den Verlust der Energien vermeiden. Wie soll er sich diesem Problem annehmen? Soll er ausweichen, flink auf die Seite treten und entmutigt den Kräften freien Lauf lassen, zusehen, wieviel Aufbauarbeit vergebens war? Oder soll er mit letztem Einsatz doch versuchen, den Aufprall zu verhindern und dabei riskieren, selber zerquetscht zu werden, den Heldentod zu sterben?

Wenn es soweit ist, mangelt es an gutem Rat. Wie mancher wertvolle Vorgesetzte hat schon seine eigenen Fähigkeiten überschätzt, sah die rollenden Wagen nicht auf sich zu kommen oder war zu plump, um auf die Seite zu springen!

Wer berufen ist, eine Arbeitsgemeinschaft zu führen, muß sich zu allererst über seine eigene Festigkeit bewußt sein, damit er ermessen kann, wie große Kräfte er von seinen Mitarbeitern aufzufangen vermag.

Das Bewußtsein der eigenen Stärke ist jedoch umsonst, wenn es das rechtzeitige Einschreiten nicht auslöst. Gewährt der Vorgesetzte dem Kräftefluß zu freien Lauf, riskiert er zu spät zu handeln. Gelingt ihm der Sprung zur Seite doch noch, ist die Situation für den Vorgesetzten wohl gerettet, gleichzeitig hat aber die Gemeinschaft, infolge des inneren Zerschleißes, wertvolle Substanz verloren. Ist der Vorgesetzte auf der Flucht wiederholt erfolgreich, steht er bald in einem unstrukturierten, verwilderten oder sogar zerstrittenen Arbeitsumfeld. Wie lange kann er noch Vorgesetzter bleiben?

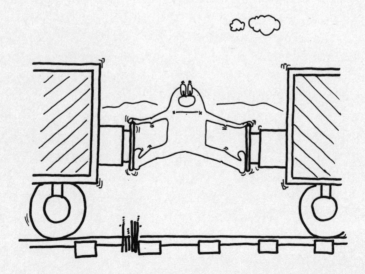

9 *Das Kind mit dem Bad ausschütten*

Schüttvorgang

Hat das Wasser in der Wanne seinen Dienst erwiesen, wird es ausgeschüttet. Dieser Vorgang ist natürlich, jedoch nicht ganz problemlos: Wie oft ist man zu unvorsichtig und schüttet dabei gleich auch noch wertvolle, in der Flüssigkeit enthaltene Substanzen aus.

Mißgeschicke dieser Art lassen sich ohne weiteres vermeiden. Für praktisch alle vorkommenden Fälle von Lösungen und Mischungen sind Trennverfahren bekannt. Das Wertvolle in der verbrauchten Flüssigkeit kann auf diese Weise zurückbehalten werden. So ist es auch nicht zwingend, das Kind samt dem Bade auszuschütten!

Ausgeschüttetes Gut

Ähnlich verhält es sich, wenn in einem Unternehmen beschlossen wird, eine bisherige Aktivität aufzugeben. Oft bleibt zu wenig Zeit zu vertieften Abklärungen. So geschieht es, daß angesichts eines festgefahrenen, hoffnungslosen Zustandes schnell entschieden wird, um für bessere Taten baldmöglichst wieder bereit zu sein. Und schon wird unbekümmert »ausgegossen«!

Die Ertragslage erfordert es: die Fabrikation des unrentablen Produktes wird eingestellt; ein Arbeitsprozeß wird stillgelegt. Praktisch in jedem solchen Fall werden als Begleiterscheinung auch andere Tätigkeiten, an die man gar nicht gedacht hat, aber keinesfalls missen möchte, abgebrochen.

Bisher als selbstverständlich verfügbare, aber lediglich als nebensächlich eingestufte, stützende Funktionen erhalten jetzt schlagartig zentrale Bedeutung.

Die gute Auslastung der teuren Produktionsanlagen ist ein wichtiges Gebot des auf Rentabilität bedachten Unternehmens. Werden zu kurzsichtig nicht mehr kostendeckende Produkte aufgegeben, können unter Umständen just die teuren Anlagen, deren gute Kapazitätsnutzung der eigentliche Grund des Unternehmenserfolges waren, nun unterbelastet sein. Die Folge davon ist, daß bisher günstige Produkte teurer werden. Oder: Im Strudel des Ausgießens eines schlechten Produktes wurden somit auch gute mitgerissen. Oder: »Das Kind wurde samt dem Bade ausgeschüttet«!

Ausgeschüttete Flüssigkeit sucht oft unberechenbare Wege; meist folgt sie den Gesetzen der Schwerkraft und verliert sich in Ecken und Ritzen. Bald sieht man von ihr nur noch einige nasse Flecken, aber auch noch vereinzelte Körner und Krümchen. Diese lassen darauf schließen, daß nicht nur Flüssigkeit ausgegossen wurde. Ist es der Verlust fester Materie, der nun den Vorwurf nährt, daß zu spät an ein wirkungsvolles Trennverfahren gedacht worden ist?

Sofern das samt dem Bade ausgeschüttete Kind den Vorfall einigermaßen glücklich überlebt hat, ist der Schaden, dank moderner Medizin, bald wieder geheilt.

Nicht so im Unternehmen. Wenn zum Beispiel das aus erster Sicht unrentable Produkt aufgegeben wird, können kaum reparierbare Schäden eintreten, weil mit dem »Ausgießen« fast immer auch Elemente verschwinden, deren wirkliche Bedeutung man erst ermessen kann, wenn sie nicht mehr verfügbar sind.

Nachträgliche Wiederbelebungsversuche eines »gestorbenen« Produktes sind aufwendig und ihr Erfolg ist unsicher. Die ursprünglichen Lebensbedingungen des Produktes sind nicht ohne weiteres rekonstruierbar. Eine wesentliche Ursache liegt darin, daß sich nach dem »Ausschütten« schnell viel ändert: Produktionseinrichtungen werden stillgelegt oder sogar verschrottet, andere arbeiten in einem gedrosselten

Rhythmus. Die Mitarbeiter, die einst die Produktion ausgeführt haben, sind anderweitig eingesetzt oder nicht mehr da. Der Markt des ehemaligen Produktes ist verloren gegangen. Das gleiche Wasser und das gleiche Kind treffen sich nie mehr! Wenn das alte »ausgeschüttete« Produkt trotzdem wieder hergestellt werden soll, müssen neue Bedingungen geschaffen werden.

Sorgfältiges »Ausschütten« bedingt eine Reihenfolge

Die tragische Situation des mit dem Kinde ausgeschütteten Bades ist sinngemäß auch bei Entscheiden im Unternehmen vermeidbar. Drei elementare Schritte sind zu beachten:
Vor dem Aufgeben eines Produktes, einer Produktion oder ganz allgemein einer wichtigen Tätigkeit
- müssen die Gebundenheiten des gesamten funktionalen Prozesses ergründet sein
- muß Klarheit bestehen, welche Bindungen zu andern Abläufen und Tätigkeiten mit dem beabsichtigten drastischen Entscheid ungewollt zerstört werden
- kommt man nicht umhin, sich Rechenschaft über die Dimension der Werte zu geben, die trotz aller Umsicht doch noch unkontrolliert entschwinden könnten.
Wenn solche oder ähnliche Abklärungen dazu führen, daß das Kind im Bade vor dem Ausschütten entdeckt wird, besteht berechtigte Hoffnung, daß Unfälle ausbleiben und daß, wenn schon ausgeschüttet werden muß, bereits abgetrocknete Kinder diesem Spektakel gefahrlos zusehen dürfen!

10 *In den Dreck ziehen*

Gezogen werden

Unglückliche Umstände führen dazu, daß man plötzlich im Dreck steckt. Den einen ist es entgangen, daß sie den harten Boden verlassen haben und somit aus eigener Unvorsicht in weichen Schmutz und Dreck geraten sind. Solche, die bewußt einen Aufenthalt im Dreck suchen, dürfte es nur sehr wenige geben!
Merkt ein in den Dreck Geratener, daß er sich aus eigener Kraft nicht befreien kann, sucht er Hilfe. In Not und Panik streckt er die Arme aus und hält sich an alles was erreichbar ist.
Ein nebenstehender Betrachter, der die kritische Situation nicht rechtzeitig erkannt hat, riskiert nun auch gleich in den Dreck gezogen zu werden. Es kommt auch vor, daß die Unglücklichen im Dreck nicht mitansehen mögen, wie andere sauber dastehen. Wenn sich die Gelegenheit dazu bietet, ziehen sie denn oft voller Schadenfreude die Sauberen in den Dreck.

Im Dreck stecken

Wer im Dreck steckt, muß viel Unerfreuliches auf sich nehmen. Die Beweglichkeit nimmt ab, das Gesicht ist verschmiert, die früher reine Erscheinung lebt bestenfalls noch in der Erinnerung weiter; Gestank füllt die Umgebung.
Liegt die Ursache des erfahrenen Schicksals darin, daß man von jeman-

dem in den Dreck gezogen worden ist, beginnen bittere Gedanken zu nagen: Bin ich zu hilfsbereit beiseite gestanden? Hatte ich ein zu sauberes Ansehen? Wollte mich jemand, nur um nicht allein im Dreck zu stecken, mitziehen?

Bei solchen Betrachtungen hört die Gelassenheit fast durchwegs dann auf, wenn feststeht, daß man durch das böswillige Wirken von Kollegen mit dem Dreck Bekanntschaft schließen mußte. Nur ganz Gutgläubige und Idealisten, die auch bei den Übeltätern und den Bösewichten versuchen, nur das Gute zu sehen, verzeihen und vergessen. Die andern können die üble Tat nicht so leicht verdrängen. Die Vorsicht, aber auch das Mißtrauen wächst.

Oft scheint es unumgänglich zu sein, den Dreck mit all seinen Konsequenzen erlebt zu haben, um einzusehen, wo man in bezug zu seinen Mitarbeitern oder Vorgesetzten stehen muß, um nicht selber unverhofft im Dreck zu stecken!

Reinigung

Dem Dreck entstiegen, kann die Reinigung beginnen. Sie ist erfolgreich, wenn es gelingt, den anhänglichen Schmutz in seiner Art zu erkennen, das unsaubere Ereignis richtig einzustufen. Während der mühsamen Reinigungsarbeit reifen oft auch Überlegungen, die sich mit der Distanz zum Dreck befassen. Als Ergebnis davon können unberechenbare Mitarbeiter, die sich überdies häufig im Dreck aufhalten, künftig an der Ausübung ihres »Ziehhandwerks« gehindert werden. Der Erfolg solcher Maßnahmen bleibt allerdings fraglich, solange die Aktivitäten nicht fern von Sumpfgebieten stattfinden.

Sumpfige Arbeitsgemeinschaften haben die Eigenheit, daß immer der eine oder andere Mitarbeiter im Dreck stecken bleibt. Wer großen Wert auf einsatzfähige Mitarbeiter legt, sollte in erster Linie darauf achten, daß das Arbeitsfeld rein bleibt. Sind Sümpfe einmal vorhanden, läßt sich zeitweilig schmutzige Arbeit kaum mehr umgehen.

Vollkommen sumpffreie Arbeitslandschaften gibt es aber auch nicht. Daher sollte der Vorgesetzte Dispositionen treffen, damit die Distanz zwischen seinen Mitarbeitern nicht größer wird als es für eine echte Zusammenarbeit erforderlich ist. Es empfiehlt sich aber auch darauf zu achten, daß diese Distanz nicht zu klein wird. Damit nämlich kann vermieden werden, daß ziehkräftige Mitarbeiter nicht der Versuchung erliegen, die in der Nähe stehenden Kollegen in den Dreck zu ziehen!

11 *Im Glashaus sitzen*

Der Umwelt entzogen

Rauhes Klima hemmt den Pflanzenwuchs. Besonders Gewächse, die bei reichlich Wärme, Licht und Feuchtigkeit aufzublühen, leiden und verkümmern, wenn sie lange Wind und Kälte ausgesetzt sind. Um auch bei frostig kühler Witterung, bei ständig vegetationsfeindlichem Klima, nicht auf die Früchte empfindlicher und sonnenliebender Pflanzen verzichten zu müssen, hat die Technik schon längst vorgesorgt: Glashäuser, auch Treibhäuser genannt, lassen Licht und Wärme ungehemmt ins Innere dringen, die schlechten Witterungseinflüsse bleiben draußen. Wärme und mangelhaftes Licht können künstlich ergänzt und die Luftfeuchtigkeit reguliert werden. Überkreuzungen mit minderwertigen Kräutern der freien Natur sind auch nicht mehr möglich; die Verbindungen nach außen, die guten wie die schlechten, unterbleiben, die gehegte Pflanze im Glashaus bleibt rein.

Das Glashaus hat nicht auf alle Menschen die gleichen Wirkung wie auf die Pflanzen. Wenn man davon spricht, daß jemand im Glashaus sitzt, stellt man sich einen Mitarbeiter vor, der die reine, geschützte, ideale Arbeitsatmosphäre genießen darf, ohne daß er von Kontakten irgendwelcher Art mit der Außenwelt gestört wird.

Leben im Glashaus

Der Gang in das Glashaus verspricht eine Phase der ungetrübten Ruhe, des angenehmen, gleichmäßigen Klimas und schnellen Wachstums. Wie

58

viele möchten sich doch ihres Daseins in einer reinen, heilen, fördernden Umwelt erfreuen? Werden aber die Erwartungen an das Leben, etwa auch im unternehmerischen Glashaus immer richtig eingeschätzt? Einige Zweifel bleiben bestehen, denn

- nicht alle können aufgrund ihrer Konstitution das Klima im Glashaus ertragen und nutzen,
- jene, die sich dem unbelasteten Wachstum im Glashaus widmen, riskieren, sich in eine den wirklichen Bedürfnissen entgegenlaufenden Richtung zu entwickeln,
- das allzu intensive Leben im Glashaus zehrt Kräfte auf; mancher ist nach kurzer Zeit verbraucht und nicht mehr urteilsfähig,
- die Existenz eines Glashauses ist gleichbedeutend mit der Tatsache, daß im Unternehmen zwei verschiedene Welten entstanden sind, die unterschiedlichen Gesetzen gehorchen.

Die Pracht der Glashauspflanzen beeindruckt sowohl den außenstehenden Betrachter wie auch die auf exklusive Produkte erpichte Führungsetage. Gerade dort können Glashausinsassen große Sympathien ernten, manchmal sogar eine beträchtliche Macht ausüben.

Wie viele Glashäuser braucht ein Unternehmen? Wer soll im Glashaus gefördert werden und für wen ist das rauhe Klima draußen gesünder, der Arbeitsgemeinschaft dienlicher? Heikle und anspruchsvolle Arbeiten, zum Beispiel im Bereich der Forschung und der Entwicklung, können einen Sonderstatus in der Abgeschiedenheit rechtfertigen. Das emsige, meist von zwischenmenschlichen Abgleichungsprozessen begleitete Getriebe des Unternehmensalltages, belasten eine sorgfältig aufbauende Gedankenarbeit. Zu viele Ablenkungen und Fremdeinflüsse verhindern eine gradlinige Zielorientierung. Eine nicht zu unterschätzende Kategorie kreativer Mitarbeiter schätzt es nicht, sich dauernd mit unerwarteten und unberechenbaren Vorkommnissen auseinanderzusetzen zu müssen. Sie wünschen in Ruhe gelassen zu werden, um sich ungestört und unter idealen Bedingungen den echten Sachproblemen annehmen zu können.

Ist Geborgenheit in einem wachstumsfördernden Glashaus gefunden worden, so kann ein Leben unter besseren Voraussetzungen beginnen. Von keiner Seite gefährdet läßt sich leicht über das, was draußen geschieht, urteilen. Im Bewußtsein der Sicherheit fällt es einem auch nicht schwer, irgendwelche unabgestimmte Meinungen von sich zu geben und keck zu entscheiden. Das Urteil, der Entscheid, reift im geschützten und üppigem Klima viel schneller als draußen, auf der unerbittlich rauhen Unternehmenswildbahn. Die vielfältigen Nebeneinflüsse, Verflechtungen, Interessenskonflikte und zwischenmenschlichen Spannungen, weil sie vom Glashaus aus weder gesehen noch irgendwie empfunden werden, bleiben unerkannt.

Zurück zur Natur!

Die Natur, sofern man in Eintracht mit ihr leben will, darf nicht unnötig zu Leistungen gezwungen werden, die sie von sich aus gar nicht erbringen möchte.
Neugier und Gewinnstreben werden uns wohl immer in Versuchung bringen, aus der Natur viel und vor allem Neues und Überraschendes herauszuholen.
Zu diesem Zwecke ist man auch bereit, Idealbedingungen zu schaffen, um schneller und gradliniger ans Ziel zu gelangen. Irgend einmal muß dabei die Natur verlassen und in eine künstliche Welt übergewechselt werden. Beim menschlichen Zusammenwirken ist der Grenzbereich zwischen Natürlichem und Synthetischem keine schmale Schwelle, sondern eine breite Zone.
Die Pflege hervorragender Eigenschaften von Mitarbeitern ist im dazu geeigneten Rahmen durchaus gerechtfertigt. Sobald aber jemand, der sich in einer privilegierten oder geförderten Stellung befindet, die Anliegen des Unternehmers nicht mehr begreift, so ist eine natürliche Grenze überschritten worden.

Die Vermutung, daß sehr wahrscheinlich Grenzen in der Nähe sind, wird zur Gewißheit, wenn man zusehen muß, wie Pflanzen, die im Glashaus hochgeschossen sind, sich nicht mehr umstellen und anpassen können, sondern elendiglich verderben, sobald sie in die freie Natur zurückversetzt werden.

Um zu neuen Erkenntnissen und Produkten zu gelangen, muß geforscht und entwickelt werden. Die Auswirkungen solcher Aktivitäten sollten jedoch stets vor Augen gehalten werden. Wie leicht verlaufen Gedanken ungesteuert und führen zu Ergebnissen, die niemand will! Aus diesem Grunde muß man sich mit dem, was im Glashaus wächst, eingehend befassen. Die erforderliche Transparenz in solchen Dingen wird durch gelegentliche Blicke und Zurufe durch die Fenster des Glashauses nicht erreicht. Die einzige und begehbare Verbindung zwischen dem Glashaus und der freien Natur führt durch die Türe des Glashauses. Dem Pförtner des Glashauses fällt dabei eine wichtige Rolle zu: Er kann verhindern, daß praxisuntaugliche, unverdaubare Theorie, naives Gedankengut oder auch Blüten der Überheblichkeit das Glashaus verlassen.–

Die Führungsprobleme eines Unternehmens können durch die Duldung einer nur minimalen Anzahl, dafür aber bestens betreuter Glashäuser im überschaubaren Rahmen gehalten werden!

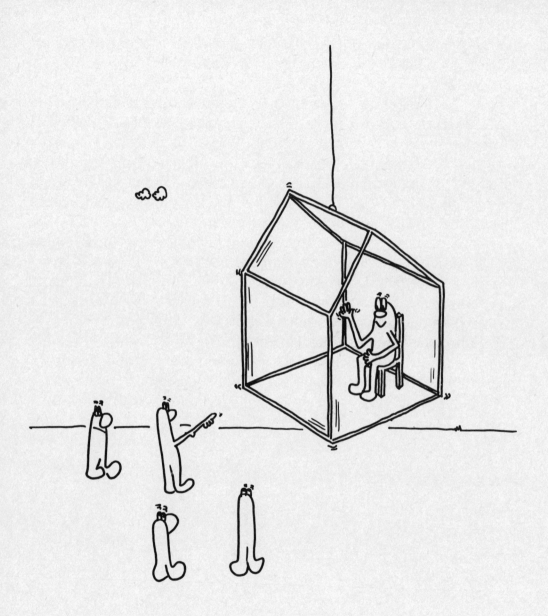

12 *Die Suppe versalzen*

Zutaten

Gute Köche verstehen es, aus köstlichen Grundstoffen, Gewürzen und Zutaten eine bekömmliche Suppe zuzubereiten. Doch die Gunst der Gäste bleibt aus, wenn die eine Zutat, das Salz, nicht im richtigen Maß beigegeben wurde.

Fade Suppe regt nicht an. Im Gegenteil, genüßliche Erwartungen werden enttäuscht und sehr oft bleibt ein übler Nachgeschmack zurück. Wurde dagegen der Suppe zu viel Salz beigegeben, sind die weiteren Gaumenfreuden nachhaltig gestört.

Zarte Aromen werden nun kaum mehr wahrgenommen und das zu viel geschluckte Salz hinterläßt einen Durst, der, sofern es nicht gelingt, ihn in geeigneter Form zu löschen, eine getrübte Stimmung hinterläßt.

Kaum jemand bezweifelt, daß die genau richtig gesalzene Suppe beinahe eine Kostbarkeit ist. Wenn zu Tisch gebeten wird, die Mahlzeit beginnt, die Suppe in die Kehlen rinnt, ist aus der Runde bald zu vernehmen, ob die Suppe – das Markenzeichen einer guten Küche – mundet. Alle haben einen feinen Sinn für den ausgewogenen Salzgehalt.

Wie bei allen heiklen Verrichtungen, die nur begnadete Mitmenschen beherrschen, wird versucht, für die weniger Begabten Ratschläge und Rezepte zusammenzustellen.

Viele Anweisungen, die in den Kochbüchern festgehalten sind, zeigen, wie zu dosieren wäre. Trotz der ausführlichen Angaben kommt es aber immer wieder vor, daß Suppen versalzen werden. Mancher Vorfall läßt sich kaum erklären: Wer hat die Suppe versalzen?

Vom Guten zuviel!

Die Frage ist berechtigt. Alles ging nach Brauch und Regel, kunstgerecht. Auch die wichtigste Information zum Geschehen – das Salz in der Suppe – fehlte nicht. Das Ziel ist greifbar, Hände sind bereit, die Suppe zu löffeln. Doch just im letzten Augenblick taucht eine Meldung auf, die das bisherige Wissen um den Kern der Sache in ein vollkommen anderes Licht stellt.

Manchmal ist zwar eine Information in letzter Minute noch nötig, um lückenhafte Vorbereitung zu ergänzen. Hier in diesem Falle allerdings überdeckt die eben eingetroffene Neuigkeit, einen üblen Schatten werfend, Fundamente auf, die man jetzt und nicht erst später gerne bauen möchte.

Ach nein! So natürlich war es nicht gemeint! Leider hatte jemand übersehen, daß vom Wichtigsten, vom Salz, die Menge in der Grundsubstanz schon reichlich angewachsen war. Sorglos und ohne Umsicht wurde beigegeben, keine Gedanken über das, was willkommen wäre, trübte das Gewissen.

Auch wenn viel vorhanden ist, darf man grundsätzlich noch vermehren. Nähern sich aber gerade die entscheidenden Zutaten in einem Gemenge einer Sättigung, stellt sich unwillkürlich die Frage nach der angemessenen Dosierung. Wird diesem Problem ausgewichen, wen wundert es, daß die Suppe bald versalzen ist?

Um diese Sorge indessen kümmern sich Kollegen wenig, die mit Vorliebe zusehen, wie eine köstlich geglaubte Suppe, weil er sie versalzen hat, vollkommen ungenießbar geworden ist!

Was ist noch genießbar?

Wie das richtige Salzen selbst eine Sache des Fingerspitzengefühls ist – jeder hat zudem andere Fingerspitzen – reagieren die verschiedenen Gaumen recht unterschiedlich auf den Salzgehalt. Besteht weiterhin die Zielsetzung, die Gemeinschaft zu ernähren, muß jedenfalls nicht schon nach dem kleinsten Verdacht einer Verstimmung eine neue Speise zubereitet werden.

Manche Zusammenarbeit, obschon sie versalzen erscheint, soll noch fortgesetzt werden, wenn ein Wille zur Zielsetzung da ist und nicht nur gemütliche, zufriedene, beschauliche und vor allem bekömmliche Arbeitsverhältnisse angestrebt werden. Etwas zuviel Salz in der Sache darf nicht irritieren und dazu führen, daß ein verheißungsvoll begonnenes Werk bei dieser ersten Schwierigkeit abgebrochen wird. Auch unter mißlichen Umständen muß versucht werden, das gemeinsame Ziel weiterzuverfolgen. Damit diesem Gebot entsprochen werden kann, höre man nicht zuviel auf Mitarbeiter, die allzu schnell von der »versalzenen Suppe« reden! Manchmal sind es übrigens die selben Mitarbeiter, die bisher recht großzügig mit dem Salz umgegangen sind!

Vielmehr übe man seine Fingerspitzen, um künftig selber richtig zu dosieren, bleibe sich bewußt, daß das Salzen keine Angelegenheit der Wirtschaftlichkeit, sondern eher eine Geschmackssache ist und stärke seine Überzeugung, daß das Salz entscheidender Informationen in keiner gemeinschaftlichen Handlung fehlen darf. Da trotzdem weiterhin mit versalzenen Suppen zu rechnen ist und diese auch nicht immer angeekelt und beliebig ausgegossen werden dürfen, sollte der weiterdenkende Vorgesetzte befähigt sein, allfällig brennenden Durst seiner Mitarbeiter zu stillen!

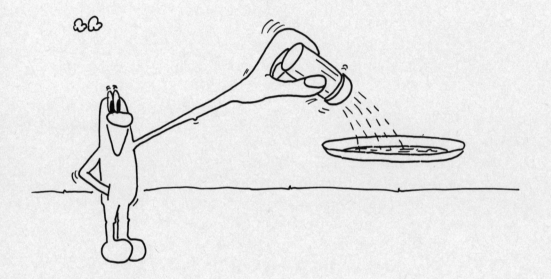

13 *Von allen guten Geistern verlassen sein*

Geister, die uns beistehen

Die Erkenntnisse der Wissenschaft gewähren uns immer tiefere und breitere Einblicke in die Hintergründe unseres Daseins. Trotz dieser Fortschritte werden wir fast regelmäßig zur Besinnung gerufen, wenn selbst beste Dispositionen zu keinem Ziel führen. Fragen bleiben im Raum stehen.

Der an der Spitze des Wissens angelangte Forscher arbeitet unbeirrt weiter und ist überzeugt, dereinst die Lösung des Rätsels zu finden. Andere begnügen sich eher mit dem, was ohne besonderen Aufwand erreichbar ist. Verlieren sie dadurch den Überblick und verstehen sie nicht mehr, was um sie vorgeht, halten sie sich gerne an eine Erklärung aus dem Bereich des Überirdischen. Solche Überlegungen erlauben ihnen, offene Fragen getrost hinzunehmen; sie vertrauen darauf, daß die passenden Antworten von irgendwo her rechtzeitig gegeben werden. Bleiben die Antworten trotzdem aus, finden sie die Gründe in den unbekannten Fügungen des Schicksals. Mit dieser Haltung geht eine Gelassenheit einher, die es ermöglicht, auch Zeiten, die mit schwer verständlichen Begebenheiten überfüllt sind, zu ertragen.

Häufen sich die Mißerfolge, sind selbst am Horizont keine Lösungen für die vielen hängenden Probleme ersichtlich und läßt sich die unerfreuliche Lage in keiner Weise erklären, so fühlt sich oft sogar der Gläubige verlassen. Tiefsinnige Gedanken münden oft in die Feststellung: »Ich bin von allen guten Geistern verlassen worden!«

Hilflos

Allein gelassen, lediglich umringt von den Scherben unerfüllter Hoffnungen und ungelöster Probleme, kreist der Blick hilfesuchend, oft fast verzweifelt in die Runde. Ein jeder Halm, der einen minimalen Halt gibt, ein fahler Lichtschimmer, der im Dunkeln einige Konturen umreißt oder auch nur ein freundliches Wort, das die Hoffnung nicht ganz vergessen läßt, erscheinen nun als Kostbarkeiten.

Nur in den allerwenigsten Fällen kann man sich jedoch damit begnügen, daß man nun am Ende seines Wissens sei und vor dem Abgrund stehe. Wir alle haben, sobald wir als Glied in einer Arbeitsgemeinschaft eingesetzt sind, Verpflichtungen und Verantwortungen, die wir nur wahrnehmen können, wenn es uns gelingt, Schritt für Schritt die weiterführenden Ideen zu finden und die folgerichtigen Entscheide zu treffen. Wer Fehlleistungen nicht unbekümmert hinnehmen will, muß sich um den gesteuerten Arbeitsverlauf bemühen.

Situationen der Hilflosigkeit entstehen nicht immer zufällig; meistens haben sie eine Vorgeschichte. Der Blick zurück zeigt nämlich, daß recht oft frühere Fehlinformationen, oberflächliche Interpretationen, Voreingenommenheit und Parteilichkeit zum Schiffbruch geführt haben und nicht die ferngebliebenen, guten Geister. Besonders schmerzhaft ist beispielsweise auch die Einsicht, daß die Ausweglosigkeit ihren Ursprung im eigenen, blinden Vertrauen hat.– Niederlagen, Mißerfolge, deren Ursache sich nicht überzeugend erklären lassen, können für die Zukunft sehr positiv wirken. Sie lösen vielleicht sogar einen selbstkritischen Denkprozeß aus und vermögen bei einigen machtvollen Verantwortlichen, die Ehrfurcht vor der begrenzten Bestimmbarkeit der Geschicke zu wecken.

Zauderer wie auch effektehaschende Schnellentscheider werden an wichtigen Stellen des Unternehmens nicht geschätzt. Es sind Entscheide nötig, die Mitarbeiter rechtzeitig zum Ziel führen. Dieses Gebot erleichtert den Ausweg aus Situationen, in denen man sich von allen guten Geistern verlassen fühlt!

Ruf nach guten Geistern

Wie schön wäre es doch, wenn in Zweifel und in Not ein guter Geist die sehnlichst herbeigewünschte Idee vorbringen würde! Mystisches und Vertrauen in die Götter haben wohl zu einem großen Teil die Lebensauffassung und das Gemeinschaftsverhalten unserer Vorfahren geprägt. Heute finden wir für fast jede Einzelheit und jedes Ereignis seine wissenschaftlich erhärtete Erklärung.

Das Zukunftsbewußtsein hat seine bestimmenden Elemente in der überaus schnellen Zunahme des Wissens in allen Bereichen unserer Zivilisation erhalten. Eigentlich könnte nun davon abgesehen werden, sich auf einen Glauben zu berufen oder um Hilfe bei Geistern nachzusuchen.

Mit dieser Abhandlung über Geister, die zum guten Gelingen anzurufen wären, könnte mindestens jetzt der Aberglaube beiseite gelegt werden. Eine Frage bleibt doch noch zurück: Wieso gibt es so viele Wissenschaftler – sie sind nicht nur an Hochschulen, sondern auch in unseren Unternehmen anzutreffen – die tiefsinnig werden, sobald sie einmal bis an die vorderste Front ihres Wissensgebietes vorgedrungen sind, sich auch der Religionen erinnern und nachdenklich über das Überirdische zu sprechen beginnen?

Wenn solche Mitarbeiter und Vorgesetzte sich fragen, ob da nicht doch die guten Geister anzurufen wären, muß jedenfalls nicht gleich daraus geschlossen werden, daß sie bereits von allen guten Geistern verlassen sind!

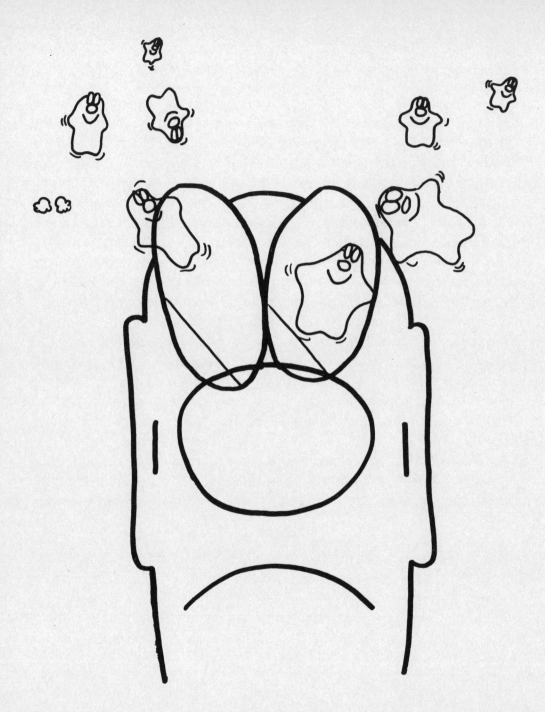

70

14 *Auf goldenen Boden fallen*

Goldener Boden

Goldener Boden ist wertvoll. Es ist unbestritten: Wer auf goldenen Boden gefallen ist, befindet sich auf einem sehr vorteilhaften Boden. Was macht den goldenen Boden so begehrt? Ist es seine Fruchtbarkeit, seine gute Aussichtslage oder der Gewinn des in Aussicht stehenden Landhandels?

Begibt man sich auf ein Grundstück und nimmt Besitz von ihm, so steht nicht immer fest, wie sich sein Wert, sei es durch eigenes Dazutun oder sei es infolge günstiger Umstände, entwickeln wird.

Die geschickte Hand und die Arbeitskraft des Bauern bringen es fertig, daß unfruchtbarer, vernachlässigter und verödeter Boden mit der Zeit wieder gute Erträge erbringt. Manchmal wächst das Ernteergebnis zwischen dem Beginn der Kultivierung und einigen Jahren später derart gewaltig an, daß die Steigerung fast als ein Wunder empfunden wird. Angesichts des eher unerwarteten Erfolges rühmen Außenstehende nicht allein den Bauern, sondern ebenso den Boden. Sie geben zu verstehen, daß der Bauer mit dem erwählten Boden Glück gehabt habe und er, ohne es im voraus zu erahnen, auf goldenen Boden gefallen sei. – Auch bei einem spekulativen Erwerb von billigem Land in einer einzonungsverdächtigen Gegend – zum Beispiel an der Peripherie einer sich schnell entwickelten Stadt – kann der Käufer auf »goldenen Boden« fallen.

Bodenbezug – Partnerschaft

Spricht man von »goldenem Boden«, so muß die Beziehung zu ihm für den Bauern und den Liegenschaftshändler nicht dieselbe sein! Durch den Umgang mit dem Boden weiß der Bauer, wie die Natur auf seine Arbeit reagiert. Das langzeitige Zusammenwirken Boden–Bauer schafft eine Verbindung, deren Wert nicht allein in der Höhe des erreichbaren materiellen Nutzens liegt.

Mit Ideen und Meinungen versuchen wir als Mitarbeiter und Vorgesetzte zu überzeugen. Oft wollen wir damit eine Aktivität auslösen oder einen Entscheid herbeiführen. Eine Arbeitsgemeinschaft entfaltet ihre volle Leistungsfähigkeit erst, wenn unter den Mitarbeitern ein überzeugender Konsens zustande gekommen ist.

Wenn die in die Runde geworfenen Vorstellungen weit auseinander liegen, sind, um die gemeinsame Linie zu finden, zähe Verhandlungen manchmal unumgänglich. Es kommt jedoch auch vor, daß jemand mit seiner Idee genau die Meinungen seiner Partner trifft; seine Worte fallen also auf fruchtbaren, vielleicht sogar goldenen Boden. Er hat demnach in seinem Arbeitskreis eine Basis gefunden, die ihm hilft, sein Gedankengut in wirkungsvoller Weise weiterzugeben.

Das wirklich gute, ja begeisternde Zusammenwirken von Mitarbeitern entwickelt sich meist nur nach und nach. Gegenseitiges Kennenlernen während der Arbeit, begleitet von Einfühlungsvermögen, führt zur Reife eines guten Einvernehmens. Auf sichtbare Fortschritte wartet man oft recht lange; in der Regel lassen sie sich nicht erzwingen.

Zwischenmenschliche Beziehungen, deren bindende Elemente aus Achtung und Zuneigung bestehen, werden vielfach lediglich durch sich wiederholende, unscheinbare Einzelereignisse aufgebaut. So können eine zustimmende Geste, eine beherzte Tat, ein ermutigendes Wort oder eine nebensächliche, aber zuvorkommende Handreichung den Grundstein zu einer angenehmen ja beglückenden Zusammenarbeit bilden.

Vieles klärt sich jetzt. Dynamik lebt auf, Zuversicht wächst, gravierende

Probleme wirbeln nun keinen Staub mehr auf, sondern werden lautlos aufgefangen.

Mitarbeiter, die in dieser Art erlebt haben, wie befriedigend und erfreulich gemeinsames Wirken sein kann, bemerken nicht selten: »Mit meinen Arbeitskollegen bin ich wirklich auf goldenen Boden gefallen!« Gewachsene Arbeitsbeziehungen haben einen anderen Wert als solche, die lediglich über ertragsorientierte, vordergründige Vertraulichkeit und durch Zufälle zustande gekommen sind. Die Bedeutung dieser Feststellung können vor allem jene ermessen, die selber etwas zur guten Zusammenarbeit beigetragen haben; möglicherweise sind es auch sie, die es am ehesten erlernen, auf »goldenen Boden zu stehen«. – Dank erfolgreicher Spekulationen oder durch unlautere Tricks auf goldenen Boden gefallen zu sein, heißt noch lange nicht, auch auf goldenem Boden stehen zu können!

Glück ertragen

Wir sehnen uns nach Glück, wir träumen davon, einmal auf goldenen Boden zu fallen. Und wenn wir uns plötzlich mitten in einer solch erfreulichen Situation befinden, stellen wir nicht ohne Erstaunen fest, daß viel Mühsal wohl vorbei ist, daß aber nun neue Probleme vor uns stehen, zu deren Bewältigung wir noch nicht vorbereitet sind.

Einige mögen vor lauter Glück unbesorgt in den Tag leben. Andere sehen die Vorteile des neuen Standortes zwar ein, sind aber bald enttäuscht, weil sie eigentlich noch mehr des Guten erwartet haben. Darunter sind auch die ewig Unzufriedenen anzutreffen. Dritte sind bedächtiger und fürchten sich vor der Zeit, die ihnen vielleicht nicht mehr die Vorteile des goldenen Bodens offenbaren wird. Ausgeglichene und solche, die es verstanden haben, den Überblick zu wahren, lassen sich von der Gunst der Zeit weniger beeindrucken und freuen sich eher im

Stillen. Sie sehen sich um, wie das große Glück gepflegt werden kann und verlassen nicht unbedacht den Arbeits- und Umgangsstil, der sie auf den goldenen Boden gebracht hat.

Zuverlässige Rezepte, die aussagen, wie man sich bei welchem Glück verhalten soll, gibt es wohl kaum. Bei allen gutgemeinten Ratschlägen zur Pflege des goldenen Bodens konzentrieren sich die Aussagen immer etwa um die selben Grundgedanken:

– Plötzliches Glück nie als selbstverständlich annehmen.
– Nicht der Vorstellung verfallen, daß ein außergewöhnlicher Erfolg der Anfang einer Reihe weiterer glücklicher Erlebnisse sei.
– Je verdienter man auf goldenen Boden gefallen ist, um so großzügiger sollte man mit den neuen Werten umgehen.

Wurde ein goldener Boden der Zusammenarbeit gefunden, ist zu berücksichtigen, daß dieses Gold den Glanz verliert, sobald die zwischenmenschlichen Empfindungen als zu bedeutungslos angesehen werden. Hochentwickelte, ein Zusammenarbeitsverhältnis beflügelnde Übereinstimmungen, die sich vom rein formalen Umgang längst gelöst haben, sind durch Wechselhaftigkeit und Linienlosigkeit unbedachter Mitarbeiter sehr verletzbar. So können wenige unscheinbare, aber doch widersprüchliche und fehlgeleitete Anwürfe schlagartig ein ganzes Beziehungsgefüge erschüttern.

Wie weit läßt sich eine ideale Zusammenarbeit überhaupt steigern, wie golden glänzend kann sie sein? Grenzen sieht man in dieser Hinsicht meistens erst dann, wenn sie überschritten sind. Stehen wir bereits jenseits der Grenzen, wenn die Vertrautheit mit den umgebenden Mitarbeitern als selbstverständlich, alltäglich hingenommen wird?

15 *Den Teppich unter den Füßen wegziehen*

Bodenbeläge

Es gibt gelungene und mißlungene, wie primitive als auch kostbare Teppichüberzüge. Teppiche in Büros und Eingangshallen werden gerne als Aushängeschild, als Beweis des Reichtums, des Feinempfindens, des Geschmacks und sogar als Statussymbol verwendet. In solchen Fällen treten Eigenschaften wie Wärmeisolation oder Verschleißfestigkeit in den Hintergrund. Der Gebieter auf einem Respekt erheischenden Teppich erfährt jeweilen seine Krönung, wenn er dank der textilen Pracht durch Mitarbeiter, Partner oder Gäste bewundert wird.
Der Teppichbesitzer genießt viele Annehmlichkeiten und Vorteile. Mißgunst und Neid bewirken aber, daß nicht leichthin jedermann zugebilligt wird, auf einem Teppich zu stehen. Und wenn aus der Sicht eines Rivalen ein Unwürdiger auf dem Teppich steht, so liegt natürlich die Versuchung nahe, ihn vom Teppich zu verdrängen. Noch willkommener ist natürlich die Gelegenheit, sich den Teppich selbst anzueignen. Wichtig ist dabei, sich bewußt zu sein, daß es keine Teppiche gibt, die zu schwer sind oder zu stark am Boden kleben, als daß sie nicht doch noch mit Kraft und geeigneter Technik unter den Füßen weggezogen werden können!

Auf kahlem Boden stehen

So begegnen wir denn selbst angesehenen Mitgliedern einer Arbeitsgemeinschaft, denen man von weitem ansieht, daß ihnen der Teppich unter den Füßen weggezogen worden ist.
Wer mit dem natürlichen oder rohgefertigten Boden vertraut ist, kann

76

kaum ermessen, was es für jene bedeutet, deren Füße durch das angenehme Leben auf dem Teppich zart und schwächlich geworden sind bedeutet, plötzlich wieder auf dem harten Boden zu stehen. Wohl in den seltensten Fällen spielen allein die rauhen Gegebenheiten des kahlen Bodens eine entscheidende Rolle bei der Empfindung der erlebten Veränderung. Vielmehr schmerzt der Verlust, der mit dem Standort auf dem Teppich verbundenen Geltung, der Macht des Gebietenden. Da hilft die Wut über die bösen Teppichschelme nicht weiter. Sobald der Weg zur inneren Besinnung frei wird, können ganz einfache Überlegungen mehr bringen:

- Brachte mein Besitz des Teppichs eine zu große äußere Überlegenheit, einen zu großen Abstand zu den Personen, mit denen ich arbeiten und gute Beziehungen pflegen muß?
- Unterschätzte ich die Kraft meiner Widersacher?
- Wurde ich zu unvorsichtig, weil ich der Ausstrahlungskraft des Teppichs blind vertraut habe?
- War der Teppich zur Erreichung meiner Ziele überhaupt nötig?

In dieser Phase des Überdenkens beginnt der einstige stolze Teppichbesitzer sich nach seinem zukünftigen Standort umzusehen. Ist er uneinsichtig und stellt er sich, einem vermeintlichen Rechtsanspruch folgend, auf den nächst erhältlichen Repräsentierteppich, kann er bald wieder das bereits erfahrene Schicksal erleiden. Gewöhnt er sich aber an den harten Boden, so lernt er sich auch mit andern Qualitäten zu behaupten, so daß er künftig einen Teppich gar nicht mehr benötigt. Vielleicht begreift er nun auch, daß der Teppich lediglich ein die Macht unterstreichendes Symbol, nie die Macht selbst sein kann.

Die Stufen einer Führungshierarchie dürfen durchaus mit Symbolen hervorgehoben werden. Symbole in der Führung, die einen Status kennzeichnen, sind sogar in allen Führungssystemen bis zu einem gewissen Grade nötig, mit einer Einschränkung allerdings, daß sie stufengerecht sein müssen. Wenn ein Teppich dazu verhilft, Stufenordnungen zu übertünchen, so steht bald auch außer Zweifel, daß der richtige Maßstab zur Bemessung von Leistungen im Unternehmen verloren gegangen ist.

Echte Teppiche

Teppiche, die auf Führungsetagen tauglich sind und aus dieser Sicht als echt gelten mögen, sind selten identisch mit den echten Teppichen im Handel, zum Beispiel mit den handgeknüpften Teppichen aus dem Orient. Der schöne, handwerklich und kunstvoll gearbeitete Teppich ist eine Augenweide und bringt einem Raum gehoben wohnliches Gepräge. Ein kleiner Unterschied zum Führungsklima, das leider nicht jederzeit behaglich, rein und komfortabel sein kann, darf indessen nicht übersehen werden. Dabei sei weniger an schmutzige Schuhe, die den Teppich besudeln könnten gedacht, als vielmehr an die Standfestigkeit eines Vorgesetzten, die auf einem weichen und zu dicken Teppich nicht gleich gut ist wie auf einer härteren Unterlage. Steht die Pracht des Teppichs in krassem Gegensatz zu dem, was auf ihm geschieht, wem ist es zu verargen, wenn er auch am Teppich zu zupfen beginnt?
Die gute Arbeitsleistung gedeiht in einem motivierenden Arbeitsklima. Die Raumgestaltung und -einrichtung kann sich in diesem positiv auswirken. Aus diesem Grunde muß ein Teppich auch nicht verboten sein. Damit der Standort auf einem Teppich führungstechnisch sicher bleibt, ist es empfehlenswert, einen Teppich zu wählen, der nicht mehr vorgibt, als auch der auf ihm Stehende zu geben vermag. Wird diesem Grundsatz zuwider gehandelt, nimmt das Risiko zu, daß Argwöhner versucht sind, ihm den Teppich unter den Füßen wegzuziehen. Der geneigte Chef kann einem Teppichverlust vorbeugen, indem er sich von der Vorstellung löst, daß sein »Status« das Spiegelbild in einem prunkvollen Teppich haben muß.

16 *Auf Eis legen*

Einfrieren

Gutes ist nicht jederzeit in reichem Maß erhältlich. Unser oft doch recht ausgeprägter Sinn für Sparsamkeit, unsere Achtung vor dem Einmaligen und Kostbaren und die Sorge um die Kontinuität unseres Daseins, sagen uns, daß der Überfluß nicht vergeudet werden darf. Denn Zeiten des Mangels gibt es unplanbar immer wieder.

Dinge, die grundsätzlich brauchbar sind, wirft man nicht einfach weg. Vielleicht sind sie im Moment zwar nicht verwendbar, versperren den Raum oder lähmen die Bewegungsfreiheit. Man möchte sie dennoch behalten, aber vorerst beiseite legen.

Die Lagerungs- und Konservierungstechnik kennt verschiedene Methoden: Einkochen, Einsalzen, Trocknen, in den Keller versenken, oder auch im Estrich aufhängen. Eine weitere bewährte Methode ist das Einfrieren. Was große Kälte erträgt, kann eingefroren werden. Die Erfahrung mit der Gefriertechnik zeigt, daß dank ihr viel Wertvolles am Verderben gehindert, über die Zeit gerettet und ursprünglich frisch erhalten werden kann. Sie ist zu einer einfachen, zuverlässigen, praktisch jedermann zugänglichen Technik geworden.

Die blinde Sicherheit im Umgang mit der Gefriertechnik führt natürlich auch zu Mißgeschicken: Dinge werden auf das Eis gelegt, die auf andere Art viel schonender konserviert werden könnten. Gemüse, Früchte und Fleisch erhalten sich, richtig auf das Eis gelegt, vortrefflich. –

Auch Ideen lassen sich tiefkühlen. Die Bedeutung des Ausspruchs »Er wurde aufs Eis gelegt« hingegen bedarf einer verfeinerten Interpretation!

Auftauen

Werden ideelle Werte durch Konservieren an ihrer Entwicklung gestoppt oder werden menschliche Aktivitäten durch Unterkühlen an ihrer Weiterentfaltung gehindert, so sind Überraschungen nicht auszuschließen. Zurückgehaltene Ideen kann man zwar später wieder hervorholen; sie fallen so vielleicht sogar auf fruchtbareren Boden als vor der Konservierung. Es ist aber auch möglich, daß die über lange Zeit gelagerte Idee bei ihrer Reaktivierung in ihrem neuen Umfeld nicht mehr verstanden wird und zu verderben droht.

Die Schöpfer von Ideen reagieren recht unterschiedlich, wenn ihre Fähigkeiten eines Tages nicht mehr willkommen sind, sie lediglich für eine spätere Wiederverwendung bereitgehalten werden möchten und sie daher absichtlich vorübergehend unterkühlt werden.

Die einen fühlen sich beleidigt und können sich von der erlittenen Schmach kaum mehr erholen. Andere sind derart erlahmt und entmutigt, daß sie selbst nach sorgfältigstem Auftauen die frühere Aktivität nie mehr in alter Frische entfalten können. Dritte nutzen die Ruhe. Sie lassen das Geschehen an sich vorbeiziehen. Wieder an die Normaltemperatur versetzt, geht von ihnen eine kraftvolle, bisweilen fast orkanhafte, umwerfende Aktivität aus. Wie haben sie es fertiggebracht, an der Kälte so viel neue Energie bereitzustellen?

Regeneration

Allgemein herrscht der Eindruck, daß die Versetzung aufs Eis nicht als persönliche Gunstbezeugung angesehen werden kann. Vielleicht zu unrecht. Wohl ist die Praxis, einen mißliebigen Mitarbeiter auf das Eis zu legen, hinlänglich bekannt.– Andere Ausgangslagen sind jedoch auch denkbar. So entgeht es einer gesunden und umsichtigen Arbeitsgemeinschaft nicht, wenn einzelne ihrer Mitarbeiter den Beanspruchungen je länger je weniger gewachsen sind und Fehler begehen. Anstatt sie zu entlassen, ist es sinnvoller, die überforderten Weggefährten in eine Wartestellung zu begleiten. Dort können sie unbelastet neue Kräfte sammeln und sich für einen andern Einsatz vorbereiten. Aber auch bestens eingeführte Mitarbeiter, für die momentan keine richtige Aufgabe zur Verfügung steht, dürfen mit den gleichen Zielsetzungen aufs Eis gelegt werden.

Wenn also ein Vorgesetzter von seinen Funktionen entlastet und er vorübergehend abseits der Linie mit Stabsaufgaben betraut wird, so muß das keineswegs eine Schmach bedeuten. Vielfach sehen Außenstehende bei derartigen Verschiebungen nur eine Statusverschlechterung, nicht aber die Schonung, die Frischerhaltung und den Aufbau für neue, vielleicht noch gewichtigere Funktionen.

Die negative Beurteilung von Personalveränderungen wird natürlich genährt, wenn in einem Unternehmen grundsätzlich nur gescheiterte Führungsverantwortliche in Stäbe versetzt werden.

Wie bei Gemüsen und Früchten aller Art ist es auch bei »aufs Eis gelegten« Mitarbeitern und Vorgesetzten wichtig, bei welcher Temperatur sie gelagert werden. Nicht gut wäre beispielsweise, wenn wiederholt bald etwas halbwegs aufgetaut, bald wieder eingefroren wird.

Auch sollte man sich in einem Unternehmen ständig vor Augen halten, was alles auf dem Eis liegt. Ohne elementares Inventar geht es nicht; in Vergessenheit geratene Mitarbeiter können Schaden nehmen. Denn die Zellen der Materie und eines Verhaltensprofils können sich im tiefgefrorenen Zustand verändern. Bei »stillgelegten« Führungspersönlichkeiten wandelt sich die Denksystematik manchmal zum Guten, manchmal degeneriert sie aber.

Das tatsächliche Resultat des Einfrierens sieht man erst nach dem Auftauen. Diese Erkenntnis klingt eher bescheiden, ist aber sehr typisch für den Gefrierprozeß. Bei Fleisch und Gemüse kann Wissenschaft und Erfahrung den Zustand nach dem Auftauen mit großer Wahrscheinlich-

82

keit voraussagen. Bei Personen verlangt jeder Fall einen neuen Lern-prozeß!

17 *Alles über den selben Leisten schlagen*

Fußgrößen

Wohl kennen wir die mittlere Fußgröße des Menschen, wir wissen aber auch, daß erhebliche Abweichungen davon möglich sind. Der Schuster ist sich dessen bewußt und richtet seine Arbeit danach.

Über den Leisten schlägt der Schuster das Leder in die gewünschte Form. Zur Herstellung von Schuhen verschiedener Größe verfügt er über das entsprechende Leistensortiment. Es muß ein schlechter Schuster sein, der glaubt, mit ein und demselben Leisten sämtliche verlangten Schuhgrößen formen zu können.

Das tägliche Leben bringt viele Probleme, die sich alle ähnlich sind. Daher lassen sich auch viele vertraute Routinelösungen immer etwa in gleicher Weise anwenden. Doch Überraschungen, neue und ausgefallene Erscheinungen bleiben nicht aus. Bald genügt es nicht mehr, die durchschnittliche Lösung zur Hand zu nehmen; angepaßte Überlegungen und Beweglichkeit drängen sich auf.

Verhängnisvoll in solchen Situationen ist, wenn auf das neue Problem nicht eingegangen und weiterhin auf die bekannteste, üblichste, häufig schon so erfolgreich gewesene Methode abgestellt wird. Gar schnell heißt es dann, »da hat wieder einmal einer alles über den selben Leisten geschlagen!«

Zu große und zu kleine Schuhe

Wenn sich Chefs des Einheitsleistens bedienen, fragt man sich nach den Gründen, die zu diesem Vorgehen geführt haben. Waren es Zeitdruck, Bequemlichkeit, Unwille, sich dem Problem anzupassen oder Absicht?

Wie die Antwort auch immer lauten mag, ein wesentlicher Punkt sollte nicht außer Acht gelassen werden. Es gibt tatsächlich Vorgesetzte, die ein persönliches Profil suchen und deshalb dazu neigen, sich starr hinter der einmal gefundenen Form zu verschanzen. Bleibt bei diesem Vorgehen der Erfolg nicht aus, darf mit einem Autoritätszuwachs gerechnet werden. Andernfalls reagieren Mitarbeiter meistens recht aufmerksam; ihnen mißfällt die undifferenzierte Einheitsmethode.

Ob ein Schuh zu klein geraten ist, zeigt sich bald, denn fehlende Maßeinheiten lösen unweigerlich Schmerzen aus. Zu große Schuhe geben keinen Halt. Ein langer Marsch läßt sich mit ihnen nicht antreten. Der erfolglose Schuster ist gut beraten, vermehrt auf die genauen Maße der Füße zu achten, sofern ihm auch in Zukunft an einer treuen Kundschaft gelegen ist. Im Unterschied zu den zu kleinen Schuhen kommt bei falschen Entscheiden der Schmerz oft erst viel später. Bis der »Schuh drückt«, hat der Entscheid bereits Handlungen ausgelöst. Das Wissen um diesen Zeitverzug kann zu einem sehr mutigen und großzügig erscheinenden Führungsstil verleiten. So kommt es, daß gerne vordergründig populäre Entscheide in altbekannter Manier getroffen werden, getragen von der Gelassenheit, daß man ohnehin nicht erwischt wird. Denn bis sich die Katastrophe als Folge des unangepaßten Leistenschlagens zeigt – so wird gelegentlich spekuliert – sind vielleicht nicht mehr die selben Mitarbeiter zugegen, haben die Begleitumstände geändert, ist die frühere Ausgangslage im Dunst entschwunden oder andere Schwergewichte wurden in der Zwischenzeit in den Vordergrund geschoben. Wen wundert es, daß selbst hohe Verantwortungsträger ein mangelhaftes Schusterhandwerk betreiben!

Maßarbeit

Nur Törichte und Hasenfüße glauben, erst dann entscheiden zu dürfen, wenn alles, jede kleinste Einzelheit eines Problems offen auf dem Tisch liegt. Auf diese Weise wird der Schuh nie rechtzeitig fertig. Wer sich dagegen lediglich mit groben Richtmaßen befaßt, die weit außerhalb der Feinheit eines Problems liegen, scheitert ebenso. Die wichtigen Maße und Ausgangsdaten müssen vor der Ausübung eines Handwerks – welcher Art es auch immer ist – bekannt sein und berücksichtigt werden. Falsche Entscheide können weder durch Politur der Ergebnisse noch durch deren Widerruf aus der Welt geschaffen werden. Der Schaden ist eingetreten. Um dereinst auf den angemessenen Leisten schlagen zu können, ist eine gezielte Voraussicht sehr zweckmäßig. Sie beginnt mit dem Denken in Varianten, mit Planung. Je höher die Führungsstufe, um so weitreichender sollte geplant werden, um so weniger sollte man sich mit bequemen Standardlösungen zufriedengeben und um so reicher sollte das verfügbare Sortiment an Leisten sein.

Auf der Suche nach dem richtigen Entscheid, nach dem Leisten, der der Fußgröße am ehesten entspricht, überragt der erste Schritt in der Reihenfolge des Vorgehens alle nachfolgenden: Das Erkennen der Bedeutung des zu fällenden Entscheides. Ist die Bedeutung groß, soll der Schuh den Fuß für wichtige Leistungen stützen, ist die Maßarbeit nicht zu umgehen. So selbstverständlich diese These klingt, so häufig wird sie mißachtet.

Die Hektik der täglichen Arbeit erlaubt uns selten ein langes Verweilen bei der Entscheidungsvorbereitung; der Rhythmus des Ablaufes, die Kontinuität der Gemeinschaftsarbeit muß erhalten bleiben; Einflüsse von außen, Sachzwänge bestimmen. Trotzdem ist bei zu auffällig schnellen »Entscheidern« – mindestens solange ihre Denksystematik noch nicht erkannt worden ist – ein schonendes Mißtrauen am Platze. Es könnte ja jemand, der alles über den selben Leisten schlägt, unter ihnen sein!

18 *Ins Fettnäpfchen treten*

Gehüteter Besitz

Materieller Besitz ist nicht das höchste. Wie hoch er sein kann oder darf, darüber streiten sich verschiedene Anschauungen. Dessen ungeachtet ist uns allen, jedem Einzelnen, etwas Bestimmtes ganz besonders wertvoll. Man behütet und beschützt es, um sicher zu sein, daß es niemand stört oder sogar wegnimmt.

In früheren Zeiten mag das volle Fettnäpfchen ein erstrebenswertes Gut gewesen sein. Fett diente schon damals zu vielen Zwecken. Wer über ein volles Fettnäpfchen verfügen konnte, war daher für eine Reihe täglicher Notwendigkeiten gut vorbereitet. Aus diesem Zusammenhang ist auch verständlich, daß keine Begeisterung entsteht, wenn ein stolzer Inhaber feststellen muß, daß achtlos in sein sorgsam gehütetes Fettnäpfchen getreten wurde!

Die Miene des Fettnäpfchenbesitzers kann sich denn auch schlagartig verändern. Ein Tritt in sein teures Näpfchen bringt ihn zwar nicht eigentlich um Hab und Gut gebracht, hat bei ihm aber nachhaltige Eindrücke hinterlassen, die am ehesten im Bereich der erlittenen Beleidigung, der Geringschätzung anzusiedeln sind.

Der Ausgangspunkt zu solchen Entwicklungen muß nicht notgedrungen bei physisch erkennbaren Fettnäpfen liegen. Es können auch außergewöhnliche, mühsam entwickelte oder glückhaft gefundene Ideen und Absichten sein, die, weil sie in einer wichtigen Sache sehr nützlich sind, gut verwahrt werden. Das Näpfchen der persönlichen Gedankenwelt hat eine bestimmte Aufgabe. Es bildet in einem gewissen Sinne die Reserve für spätere Aktionen und Impulse.

Es kommt vor, daß schadenfreudig in Fettnäpfchen getreten wird. In andern Fällen führt glücklicherweise nicht böser Wille, sondern eher Leichtsinn zum unachtsamen Tritt.

Angeschlagene Reserve

Wir erleben oft, daß eigene, auch sehr persönliche Ideen durch Arbeitskollegen durchkreuzt werden und dadurch Unfriede entsteht. »Wie kann sich jemand erlauben, sich in meine Angelegenheiten zu mischen, sich derart tölpelhaft zu benehmen, so wenig Respekt und Anstand vor meiner privaten Sphäre zu haben? Dazu gesellt sich meistens noch die innere Wut – oft auch über sich selber – da in der Zwischenzeit offensichtlich geworden ist, daß man das verborgene »Gedankennäpfchen« doch zuwenig behütet hat.

Viele unserer Mitmenschen sind stolz und selbstsicher, weil sie über Informationen verfügen, die nicht ohne weiteres einsehbar sind. Aus dem Hintergrund wird erst etwas hervorgeholt, wenn die Zeit und Umstände günstig sind. Wird dieses Reservelager von Arbeitskollegen vorzeitig entdeckt, so muß sich sein Inhaber gewissermaßen als entblößt vorkommen. Er hat ja fortan nicht mehr die Möglichkeit, überraschend, mit neuen, von der Außenwelt nicht erwarteten Mitteln hervorzubrechen!

Erlebnisse dieser Art können manche Zusammenarbeitsauffassung, die nur dank dem Gefühl des sicheren Rückhalts möglich war, ändern. Denn jede vorzeitig preisgegebene Idee oder Absicht schmälert den eigenen Aktionsfreiraum.

Mitarbeiter, die selber über keine »Fettnäpfchen« verfügen, sind nicht selten von Neid geplagt und trachten danach, vom Reichtum anderer zu profitieren. Ihre Taktik des Hinterfragens, ihr Bestreben aus vielen Einzelsteinchen mit der Zeit ein Mosaikbild zu vervollständigen, erreicht perfekte Formen. Ob mit System oder stolpernd, in die vollen Fettnäpfchen wird getreten.

Aus der Heftigkeit der Reaktion läßt sich bald erahnen, wer zur Entfaltung seiner Aktivität auf Reserven angewiesen ist!

Richtige Verwahrung

Unliebsame Erlebnisse mit Tritten ins Fettnäpfchen können vermieden werden.

Kostbare Dinge bedürfen einer besseren Betreuung als ein Gut irgendwelcher Art. Allen Methoden der Verwahrung muß zudem die Grundsatzüberlegung, vor wem etwas zu schützen ist, vorangehen. Der richtige Entscheid dürfte erst dann reifen, wenn die Absicht möglicher Störenfriede oder Tölpel erkannt worden ist. Kein Schutz ist für alle Eventualitäten sicher. Der Schutz physisch nicht erfaßbarer Werte ist besonders schwierig, weil er leicht und gerne zu stark abschirmt. Wird der Gedankenaustausch, das konstruktive Gespräch davon betroffen, erlahmt die nährende Kommunikation zwischen den Mitarbeitern. Es bildet sich ein Zustand, der in krassem Gegensatz zum freimütigen Handel mit Ideen steht. Zu gutgläubiges und offenes Hinlegen seiner innersten Gedanken bringt auch Nachteile. Hoffnungen können im falschen Moment geweckt werden und ungewollte Aktionen können ihren Anfang nehmen. Wer führen will, muß darauf bedacht sein, die richtige Idee im richtigen Moment anzuwenden. Das heißt auch, daß die für eine Zusammenarbeit wichtigen Angelegenheiten solange gehütet werden sollten, bis deren Freigabe der Gemeinschaft wirklich dient. Jedenfalls sollten die zentralen und entscheidenden Elemente nicht herumliegen, so daß liebe, positive und hilfsbereite Mitmenschen, deren Schritt aber leider gelegentlich nicht sicher, sondern eher schwankend ist, irgendeinmal in ein Fettnäpfchen stolpern müssen!

90

91

19 *Über den eigenen Schatten springen*

Licht und Schatten

Wer im Schatten steht, kann die Wohltat des Lichts nicht erfahren. Bei zu sengender Sonne hingegen rettet man sich gerne unter einen schattenspendenden Schirm. Zu langes Verweilen im kühlen Schatten lähmt jedoch den Tatendrang. – Des Lebens volle Aktivität findet im Licht statt. Jeder Gegenstand, der einer Lichtquelle gegenübergestellt ist, wirft einen Schatten. Je nach Herkunft des Lichtes und der Beschaffenheit eines Körpers bilden sich kürzere oder längere, aber auch hellere und dunklere Schatten.

Auch wir werfen einen Schatten, wenn wir uns ans Licht begeben. Manchmal freuen wir uns an diesem treuen Begleiter, vor allem, wenn wir mit ihm zusammen als Schattenspender auftreten und lichtempfindliche Mitmenschen vom zu grellen Schein schützen können. Ärger mit dem eigenen Schatten bleibt uns aber auch nicht erspart. So schätzen wir es nicht besonders, wenn unser Schatten mehr auffällt als wir selbst, wenn unsere Person übersehen wird und nur noch von unserem Schatten die Rede ist. In solchen Fällen erwacht oft der Wunsch, der Schattenwirkung zuvorzukommen. Wie wäre es mit einem Versuch, den eigenen Schatten zu überspringen?

Schattenwirkungen

Der von Vorgesetzten geworfene Schatten ist in jedem Fall bedeutungsvoll. Ein Vorgesetzter, der nicht in der Lage ist, Schatten zu spenden, erfüllt eine seiner wichtigen Aufgaben nicht. Beschattet er dagegen zu stark oder am falschen Ort, stört oder lähmt er Vorgänge. Jede übliche

Gemeinschaftsarbeit benötigt etwas Licht, um den Weg zu sehen, um sich zu erwärmen und um sich bewegen zu können.

Starke Persönlichkeiten, also etwa jene, die im Rampenlicht stehen, ziehen bei ihren Bewegungen einen markanten Schattenschweif hinter sich her. Mitarbeiter, die in diesen Schattenbereich zu stehen kommen, sehen weniger Licht. Dieser Umstand wird von den Lichtscheuen als wohltuend empfunden, von den lichthungerigen, aufstrebenden Kollegen jedoch keinesweg begrüßt.

Die meisten Vorgesetzten wissen auch, daß sie einen Schatten hinter sich lassen; lediglich die Rücksichtslosen unter ihnen kümmern sich nicht um dieses Naturgesetz. Die selbstlose Auseinandersetzung mit der persönlichen Führungswelt zeigt nicht selten, daß der eigene Schatten manchmal ganz ungewollte Wirkungen hat. Gerne würde man unter dem Eindruck dieser Erkenntnis alles unternehmen, um zu verhindern, daß der ständig begleitende Schatten zu unangenehme Probleme aufgibt.

Wie wäre es doch vorteilhaft, sich immer nur mit einer einzigen Sache befassen zu dürfen, die in sich abgeschlossen ist und keine direkt abhängige, gebietende Nebenwirkungen mit sich zieht! Wie manches Problem ließe sich lösen, wenn man so schnell und gewandt sein könnte, daß selbst das Überspringen des eigenen Schattens möglich und dadurch der Glanz der eigenen Person nicht durch den Schattenwurf im falschen Licht erscheinen würde! Die Möglichkeit des ständigen und laufenden Überspringens des eigenen Schattens müßte sicher ganz neue Perspektiven eröffnen; manches heute übliche Führungsinstrument würde hinfällig!

Der Sprung über den eigenen Schatten

Es wurde und wird weiterhin versucht, über den eigenen Schatten zu springen. Wohl ist in der Zwischenzeit auch wissenschaftlich bewiesen worden, daß der Mensch selber, im physikalischen Sinne, nie die Schnelligkeit und die Sprungkraft erreichen kann, die zum Überspringen des eigenen Schattens nötig wäre.

Es ist kaum zu glauben, aber dank List und Ablenkungsmanövern gelingt es in Einzelfällen trotzdem den Eindruck zu erwecken, daß sogar der eigene Schatten übersprungen worden ist.

Auch auf andere Weise wird versucht, mit dem Ärger über den eigenen Schatten fertig zu werden: Man gibt sich durchsichtig. Die negativen Schattenwirkungen von Vorgesetzten bleiben jetzt aus. Das Fehlen jeglichen Schattens stellt aber unmittelbar auch die Präsenz des Chefs in Frage.

Chefs, die ihre Schattenwirkung kennen und sie verhindern möchten, sehen oft auch ihre Rettung darin, sich derart senkrecht und aufrecht in die Lichtstrahlen zu stellen, daß ein Schattenwurf schon gar nicht mehr entstehen kann. Negativ wirkender Schatten entsteht auf diese Weise nicht mehr, aber auch die willkommene Abschirmwirkung gegenüber den umstehenden und arbeitswilligen Mitarbeitern ist dahin. Die senkrechte Haltung ist in diesem Falle wohl mutig, es fragt sich immerhin, ob die Mitarbeiter auf Schatten verzichten können.

Wo liegt aber das Geheimnis der Kunst, wenn es voller Anerkennung heißt: »Er ist über seinen eigenen Schatten gesprungen?« Sieht man von physikalischen Gesetzen ab und beschränkt sich lediglich auf die Prinzipien zwischenmenschlichen Verhaltens, so werden die erfolgsträchtigen Zusammenhänge schon wesentlich einfacher: Ein rücksichtsvolles Glied einer Arbeitsgemeinschaft handelt nur im Bewußtsein seiner möglichen negativen und positiven Schattenwirkungen.

Der vorbildliche Vorgesetzte in diesem Sinne ist bestrebt, sich derart vor das Licht zu stellen, daß der unerwünschte Schatten nicht auf seine Mitarbeiter fällt, sondern sich in der Leere verliert und der wohltuende Schatten, der vor Blendung und Überhitzung schützt, durch die Umstehenden in vollem Ausmaße genutzt werden kann.

Gelingt ein solches Vorgehen, stellt sich der Vorgesetzte richtig ins Licht und vernehmen die Mitarbeiter vom Chef entgegen früherer Erfahrun-

94

gen plötzlich nur noch Gutes, so beginnt bald das Gespräch über den, vom Chef übersprungenen, eigenen Schatten!

Physikalisch ist das Überspringen des eigenen Schattens unmöglich. Hingegen kann jedermann, auch ein Vorgesetzter, erkennen, wo sich das eigene Handeln auf andere schlecht auswirkt. Obwohl niemand seinen Eigenheiten, Fähigkeiten und seinem Charakter entfliehen kann, läßt sich erlernen, das Gute zu mehren, was vor allem auch dann gelingt, wenn das Schlechte an seiner Wirkung gehindert wird. Sich von falschen oder festgefahrenen Vorstellungen absetzen, sich mit Mut und Wille vor die eigenen Schwächen stellen und sich nicht stur, sondern einsichtig, beweglich geben, wenn es der Sache dient, wird nicht als Resignation eines Vorgesetzten empfunden, sondern als Stärke. Es wird ihm zugestanden: »Er hat seinen eigenen Schatten übersprungen!«

Dem Problem der eigenen Schattenwirkung entgeht nur, wer sich in die Dunkelheit zurückgezogen hat!

20 *Mit Steinen um sich werfen*

Verhandlungstechnik

Über eine Sache verhandelt man normalerweise mit Worten. Argumente begegnen sich, werden abgewogen, der Ausgleich, ein Ergebnis wird gesucht und glücklicherweise oft gefunden. Vielfach verlaufen die Verhandlungen in einem anständigen, rücksichtsvollen und zielstrebigen Rahmen; trotzdem müssen gelegentlich Klippen überwunden und gegensätzliche Standpunkte akzeptiert werden.

Die Polarisation der Meinungen wird gefürchtet, weil man nie weiß, ob und wann jemand erzürnt den Verhandlungstisch verläßt. Kommt es wirklich zu einer Übereinstimmungskrise, können sich benachteiligt fühlende oder in die Enge getriebene Partner recht unterschiedlich reagieren. Die einen wollen zum Beispiel von allem nichts mehr wissen; sie setzen sich ab und manchmal läßt sie ihr Zorn sogar auf die Palme steigen. Andere lassen sich von ihrem Standort nicht verdrängen und versuchen mit herkömmlichen, allgemein gut verstandenen Mitteln ihre Widersacher auf Distanz zu halten. Zu diesem Zweck werfen sie auch mit Steinen um sich!

Getroffen oder nicht getroffen

Der Rundschlag mit Steinen soll ungewünschte Aktivitäten lähmen und Gegner zermürben.

Selbst wenn die Steine das Ziel verfehlt haben, sehen die dem Steinhagel ausgesetzten Partner ein, daß sie unter dieser Bedrohung ihre Sache nicht mehr weiter vorantreiben können. Sie werden vorsichtig, ziehen sich zurück und verweilen in Deckung, bis sich das Unwetter gelegt hat. Denn es ist sinnlos, mit einem Mitarbeiter diskutieren zu wollen, der sich bei der geringsten Anspielung auf ein Entgegenkommen, unnachgiebig zeigt, Grundsätzliches in Frage stellt, sich unverhältnismäßig zur Wehr setzt, sogar bisher Selbstverständliches nicht mehr wahr haben will und unsachliche diffamierende Ausdrücke um sich wirft.

Kräftige Steinewerfer zerstören ihr Umfeld gründlich, sie riskieren auf dem Schlachtfeld alleine zurückzubleiben; manchmal für lange Zeit. Weniger wurfgewaltige Mitarbeiter sind nicht in der Lage, ihre Gegner auszuschalten. Ihre Rolle des Steinewerfers bringt keine Distanz zu den verhaßten Verhandlungen, bewirkt aber, daß sie als Verhandlungspartner nicht mehr ernst genommen werden. Der Vollständigkeit halber muß noch ein weiterer Fall einbezogen werden. Einzelne Mitarbeiter werfen Steine um sich, ohne es ursprünglich beabsichtigt zu haben. Sie haben sich erst dieser Ausdrucksweise zugewandt, als sie von ihren Partnern dazu provoziert wurden.

Die Provokateure gehen von einer geschickt vorbereiteten Basis aus. Es gelingt ihnen darzutun, daß ein ungeliebter Gegner, sobald er in der Verzweiflung beginnt, Steine um sich zu werfen, als Partner nicht mehr anerkannt werden darf!

Rechtzeitige Entladung

Ungeachtet der Stellung und der Bedeutung der beteiligten Personen, führen Gespräche und Verhandlungen in Arbeitsgemeinschaften fast regelmäßig in irgend einer Phase zu zwischenmenschlichen Spannungen. Damit diese Spannungen ein gemeinsam angestrebtes Ziel nicht gefährden, müssen sie rechtzeitig, das heißt, ohne daß sie Schaden anrichten, entladen werden.

Jedes Gespräch – von Selbstgesprächen abgesehen – kommt nur mit mindestens zwei Partnern zustande. Entstehen Unstimmigkeiten, so sind grundsätzlich immer mindestens zwei Seiten schuld daran. Beide Seiten müssen sich demnach auch um deren Bereinigung bemühen. Die eine Seite kann zum Beispiel viel dazu beitragen, daß die andere keine Steine sucht, oder wenn sie bereits Steine in den Händen hält, sie nicht wirft. Auf der einen wie auf der anderen Seite kann auch erkannt werden, welchen Schaden der erste Steinwurf anrichtet und wie leicht damit alles bisher Erreichte zerstört wird. Große Spannungsfelder können ohne spontane Entladung, ohne Blitz und Donner und auch ohne Steinwürfe abgebaut werden, wenn es in ungefährlichen Einzelschritten gelingt, dem Ausgleich näherzukommen. Das Erkennen des Möglichen und die Gelassenheit der Partner sind erste wichtige Voraussetzungen dazu. Kleine Schritte des Entgegenkommens und des Verzichts können gestaute Energien ableiten.

Es sollte eigentlich die vornehme Pflicht eines Vorgesetzten sein, jederzeit zu erkennen, wo sich Gegensätze in einer Gemeinschaft der Grenze nähern, jenseits dieser die freiwerdenden Kräfte ihr Gleichgewicht erst nach Getöse und Verwüstungen wieder finden.

Obschon Steine nicht auf den Verhandlungstisch gehören, lassen sie sich von dort nie ganz verbannen, wenigstens solange der menschliche Umgang noch über steinige Wege führt! In knisternden Situationen glaubt man manchmal das Kollern der Steine in den Aktenmappen bereits zu hören! Wo freimütig und mit gegenseitigem Respekt verhandelt wird, keine Kommunikationskrankheit vorliegt, bleiben die Steine dort, wo sie hingehören:

An den Wegrand, ins Bachbett oder auch auf die Geröllhalde!

21 *Vom hohen Roß fallen*

Reiter und Fußvolk

Von Rittern und vom Fußvolk früherer Zeiten ist wohl immer noch ab und zu die Rede. Die Ritter hoch zu Pferde waren schneller und beweglicher als jene, die zu Fuß des Weges zogen. Auch waren ihre Waffen, vom Pferderücken eingesetzt, wesentlich wirksamer. Bei geschickter Nutzung dieser Vorteile wurde der Ritter zum Gebieter über das Fußvolk.

Bis zum heutigen Tag hat die Beziehung zwischen dem Fußvolk und dem Reiter hoch zu Pferde seine Bedeutung erhalten.

Der erfahrene Reiter versteht es, sich bald im Schritt, bald im Trab oder sogar im Galopp zu bewegen. Er weiß, mit welcher Gangart man das Ziel erreicht.

Angesichts des Reiters außerordentlicher Fähigkeiten, erwacht unter dem begeisterten Fußvolkes nicht selten der Glaube, dieser Reiter bringe Wunder zustande. Oft trügt der Schein. Wie es mit der Wirklichkeit steht, offenbart sich spätestens am nächsten, unvorhergesehenen Hindernis. Dieselben, die noch vor kurzem voller Bewunderung den kühnen Reiter bestaunt haben, stellen nun gleichmütig, meist nicht ohne unterschwellige Schadenfreude fest: »Da saß wieder einmal einer nicht fest genug im Sattel, daher ist er vom hohen Roß gefallen!«

Reitkunst

An einer Partnerschaft zwischen »Reitern« und »Fußvolk« ist an sich gar nichts zu bemängeln, sofern man akzeptiert, daß früher wie heute die Gemeinschaftsarbeit nur erfolgreich ist, wenn Vorgesetzte lenken und Mitarbeiter sich lenken lassen. Es ist aber auch bekannt, daß Machtpositionen in erhöhter Lage gelegentlich in einer Weise ausgenützt werden, die der Gemeinsamkeit abträglich ist. Machtausübung riskiert seit eh und je zu entarten, kann überheblich werden und Gefahr laufen, an den Bedürfnissen des Fußvolkes vorbeizusehen.

Gebieter, »Reiter«, die solchen Fehlern verfallen sind, begegnen auf ihren Wegen bald unüberwindbaren Hindernissen. Das Pferd scheut plötzlich vor auftauchenden Gräben, ist erregt, gebärdet sich wild und seine nun freiwerdenden Kräfte lassen sich kaum mehr zügeln.

Die hochentwickelte Partnerschaft zwischen Pferd und Reiter – ein Vorgesetzter, der es verstanden hat, seine Fähigkeiten in besten Einklang mit den ihm anvertrauten Mitarbeitern zu bringen – erlaubt schnelles Weiterkommen, elegante Bewegungen und allerlei Kunststücke. Nicht selten staunt darob das Fußvolk und bewundert den überragenden Künstler. Mancher Reiter genießt diese Anerkennung und fühlt sich zu noch gewagteren Taten beflügelt. Er ist sich seiner Sache sicher und beginnt seine Überlegenheit auszuspielen. Sobald sich aber die Überlegenheit zur Überheblichkeit steigert, reagiert das Fußvolk empfindlich; es fühlt sich um die entgegengebrachte Achtung geprellt. Der Eckpfeiler der erfolgreichen Führung, das gegenseitige Vertrauen zwischen Geführten und jenen, die im Sattel sitzen, den Vorgesetzten, beginnt zu wanken.

Eine Vertrauensbasis ist nicht auf einmal da und bleibt ohne weiteres Dazutun gesund, sondern sie bedarf der stetigen Pflege. Es scheint, daß diese Pflege von zu hohem Pferderücken aus oft nur mangelhaft betrieben werden kann!

Auf eigenen Füßen stehen können

Gehobene Lage und große Bewegungsfreiheit waren seit jeher und sind sicher weiterhin das Lebensziel vieler unserer Zeitgenossen. Was sich zum Erreichen dieses Zieles eignet – es muß nicht unbedingt ein Pferd sein – wird herangezogen und genutzt. Die Abstützung auf die dienlich gemachten Mittel beginnt oft recht sorgfältig und die Verbindung zum Fußvolk bleibt vorerst noch lückenlos. Sobald sich der Emporgestiegene seiner neuen Möglichkeiten bewußt wird und seine Überlegenheit auszuspielen beginnt, vergißt er oft, was und wer ihn in die Höhe gehoben hat. Wird er unverhofft gestürzt, weiß er auch nicht mehr, an wen er sich nun halten und auf welche sichere Unterlage er sich begeben könnte. Glücklich ist, wer trotz des schnellen und begeisternden Aufstieges sich noch rechtzeitig zurückerinnert. So begegnet er, auf den Boden zurückgefallen, keinen Unbekannten. Eine gute Methode, den Kontakt zum Fußvolk schon gar nicht zu verlieren, besteht in den ständigen Bemühungen, ein geübter Fußgänger zu bleiben.

Der gewandte Reiter, der sich der latenten Gefahr, unversehens aus dem Sattel gehoben zu werden, bewußt geblieben ist, und trotz erhöhter Lage die Bodenverbundenheit weiterhin gepflegt hat, verfügt meistens noch über eine andere Geschicklichkeit: Wenn er ungewarnt und plötzlich von seinem Pferde abgeworfen wird, rollt er sich geschmeidig am Boden ab, bleibt unverletzt, steht auf und schwingt sich wieder in den Sattel. Ist dieser Reiter sogar als guter Vorgesetzter bekannt, sind seine Mitarbeiter auch bereit, ihm beizustehen, das Pferd zu besänftigen, es an den Zügeln festzuhalten, ihm, dem Chef wieder in den Sattel zu helfen und ihm die Zügel für den nächsten Ritt in die Hände zu geben.

22 *Auf Rosen gebettet sein*

Liegestätten

Zeiten, die man liegend verbringt, sind nötig, um neue Kräfte zu schöpfen. Die einen liegen dabei lieber weich, die anderen härter. Jedermann sucht sich eine Liege, die seine Ansprüche zu befriedigen vermag. Wer dank günstiger Umstände durch den unerbittlichen Alltag nicht mehr ständig gefordert wird, sondern jetzt mehr Zeit für die Muße hat und aus entspannter Lage mit verbindlicher Geste der Umgebung das Gewünschte abzuverlangen weiß, wird oft benieden. Zeigt sich zudem, daß das Glück wächst, Sorgen und Rückschläge fernbleiben, man sich weniger mit dem Nötigen als vielmehr mit den eigenen Interessen befassen darf, so beurteilt man diese Lage gerne im Vergleich zu schönsten Vorstellungen der Blumenwelt: »Er ist auf Rosen gebettet!«

Behaglich liegen

Was beim Liegen als behaglich gilt, hängt ganz davon ab, was man davon erwartet. Jener, der neue Kräfte sammeln will, ist darauf bedacht, entspannt zu liegen: Der erholsame Schlaf steht im Zentrum der Vorstellungen. Die Umgebung eines Bettes ist auch nicht ganz belanglos, denn sie vermag die erholsame Stimmung zu unterstützen und ein erregtes Herz zur Ruhe zu begleiten. Entscheidend bleibt jedoch die Qualität des Bettes selbst; auch die reizendste Umgebung sieht man schlafend nicht. Nach gesundem, tiefem Schlaf erwacht man zu frischem Tatendrang. Entschlossene, zielgerichtete Handlungen, soweit sie in einer Arbeitsgemeinschaft von Bedeutung sind, nimmt man in der Regel stehend oder sitzend, kaum liegend in Angriff. Nicht alle unsere Mitmenschen wollen oder können jedoch diesem althergebrachten Brauch zustimmen. Sie streben nicht mehr nach großen neuen Taten, sondern neigen dazu, das Erreichte beschaulich zu genießen. Kein ständiger Drang zur Leistung hält sie in Bewegung. Bei solcher Geisteshaltung werden natürlich ganz andere Wünsche wach; eine physiologisch richtig gestaltete Bettstatt dürfte kaum mehr in allen Fällen genügen. Um die Behaglichkeit des Verweilens zu steigern, möchte man sich nun auch von Schönheit, Weichheit, Reinheit oder sogar von betörenden Düften umgeben wissen. Kann ein mit Rosen ausgelegtes Bett alle ersehnten, idealen und zarten Wünsche erfüllen?

Aus welchen Überlegungen heraus gesagt wird, »er ist auf Rosen gebettet«, ist nicht ohne weiteres ergründbar. Allgemein gilt jedoch als sicher, daß es dem auf Rosen Gebetteten gut geht. Meistens spricht man auch nicht abschätzig von jenen, die auf Rosen gebettet sind. Erarbeitete sich jemand die behagliche und feinduftende Liege durch unermüdlichen, gekonnten und zuvorkommenden Einsatz, so spricht man von ihm – nicht immer ganz neidlos – voller Anerkennung, ja Bewunderung. Ein Vorgesetzter zum Beispiel, der es verstanden hat, zu überzeugen, nicht davor zurückschreckte, mit seinen Mitarbeitern ein offenes Gespräch zu führen, viel verlangte, aber die erbrachten Dienste nach einem menschlichen Maßstabe zu werten wußte, wird respektiert; seine Mitarbeiter stehen für ihn ein; viele Dinge nehmen in der Folge fast selbstverständlich, reibungslos, fast automatisch und sicher ihren Lauf. Die Aufbauarbeit hat sich gelohnt. Der Vorgesetzte kann sich nun – muß aber nicht – vermehrt den angenehmeren Seiten des Lebens widmen, denn er ist führungsmäßig jetzt auf Rosen gebettet!

Gesund liegen

Zuviel Behaglichkeit verweichlicht nicht nur, sondern verleitet auch dazu, in dieser Hinsicht noch begehrlicher zu werden. Naturen, die ihr Lebensziel nicht allein im Müßiggang sehen, mit sich selber härter sind, deshalb vielleicht auch gesünder liegen, haben ein wachsames Auge auf Degenerationsprozesse, die auf zu viel an Wohlbefinden zurückzuführen sind. So entgeht ihnen kaum, wenn ihr Vorgesetzter nachlässig wird, selbst minimale Pflichten nicht mehr erfüllt und sich von seiner Hauptaufgabe zu distanzieren beginnt.

Bei einer solchen Entwicklung schwindet die Hochachtung, bisherige Automatismen des Führungsablaufes fallen in sich zusammen. Nun wird der Chef wieder konsequent, ohne Vorbehalte und Rücksichten gefordert. Ist der vom vielen Rosenduft verwöhnte Vorgesetzte nun noch gesund genug, um erneut mit voller Kraft sich den drängenden Geschäften zu stellen?

Farben, Formschönheit und Duft von Rosen sind vergänglich. Die Rosen welken und verdorren; der Duft wird zum Geruch; es bleibt keine begehrenswerte Materie mehr zurück. Der an das angenehme Rosenbett Gewohnte sieht naturgegebene Abläufe oft zuwenig genau. Wenn er durch Fäulnisgeruch verderbender Rosen in die Wirklichkeit zurückgerufen wird, ist es manchmal bereits zu spät. Eigentlich sollte man schon aufstehen, wenn die Rosen zu welken beginnen!

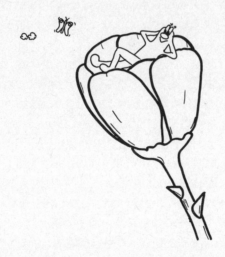

23 *Zwischen Stuhl und Bank fallen*

Sitzgelegenheiten

Kraftvolle Bewegungen, entscheidende und richtungweisende Aktionen bedingen, daß man mit beiden Beinen auf dem Boden steht.
Nur, andauerndes Stehen oder Gehen ermüdet. Es ist bekannt, daß sich kontinuierliche, zuverlässige, systematische, überlegte, sorgfältige und präzise Arbeit, besser sitzend verrichten läßt. Wie man an verschiedenen Stellen stehen kann, so bieten sich grundsätzlich auch verschiedene Sitzgelegenheiten an. Für gewisse Arbeiten gelten harte Sitze als besonders geeignet; weiche, behagliche Sessel wiederum empfehlen sich für andere Verrichtungen. Auch Bänke haben ihre Vorteile.
Um sich die beste Ausgangslage zu verschaffen und die gesteckten Ziele zu erreichen, muß der dazu bestgeeignete Sessel gewählt werden.
Selbst eine große Erfahrung im Sitzen reicht jedoch nicht aus, die absolut sichere Wahl des optimalen Sessels zu treffen. Der Qual der Wahl ausgesetzt, taucht die Frage auf, wie es wohl wäre, wenn man versuchen würde, auf zwei oder mehreren Sesseln gleichzeitig Platz zu nehmen, um damit jederzeit griffbereit den besten Sesseln zu halten. Folgt dem Gedanken die Tat und gelingt schließlich ein solches Unterfangen, wächst der Mut und noch ausgefallenere Sitzübungen werden gewagt.
Kaum auf dem vorteilhaften Sessel Platz genommen, wendet sich der Blick noch begehrenswerteren Sitzgelegenheiten zu. Sobald die Aussicht besteht, sogar noch höhere Ziele zu erreichen, wird flugs auf den verheißungsvollen Sessel gewechselt. Diese Verschiebungen mehrmals fortgesetzt können bei guter Wahl auf beachtlicher »Machthöhe« enden.
Glücklose und solche die sich überschätzen, bekunden gelegentlich Schwierigkeiten beim Wechsel von einem Stuhl zum anderen oder auch

von einem Stuhl zu einer Bank. Wird ein Mißgeschick augenfällig, bestätigt sich oft die Vermutung, daß wieder jemand »zwischen Stuhl und Bank gefallen« ist!

Sitzgewohnheiten

In der Praxis sind verschiedenartige Stühle, die oft recht nahe beieinander stehen, anzutreffen. Darunter befinden sich auch die attraktiven Sessel der Industrie, der Wissenschaft, der Verwaltung, der Verbände, des Militärs und der Politik. Die Fähigkeit, lange Zeit auf hohen Stühlen zu sitzen, ohne unversehens in die Tiefe des Parketts zu fallen und dabei Schaden zu nehmen, wird in weiten Kreisen der Führungswelt geschätzt. Endlich auf einem Respekt erheischenden Sitz, zum Beispiel in der Industrie, angelangt, läßt sich nun auch leichter auf einen noch höheren, prestigeträchtigeren Sessel, zum Beispiel in der Verwaltung oder in einem Verband hinüberwechseln. Durch die beträchtliche Höhe bekannt geworden, kommen nun selbst höhere Sessel in der Politik in Frage. Wenn es gilt, hohe Sessel zu besetzen, wird meistens unter denjenigen Persönlichkeiten, die bereits in respektabler Höhe sitzen, Umschau gehalten. Denn ein hoher Stuhl ist vielfach Voraussetzung für einen noch höheren Sitz.
Von einem Sessel auf einen andern wechseln bleibt solange problemlos, als man mit den Beinen, auch sitzend, den Bodenkontakt noch nicht verloren hat. Schwingt sich nämlich ein kühner Gipfelstürmer zu schnell und zu unüberlegt auf große Sesselhöhen, verliert er die Berührung mit den Niederungen des Fußbodens, kann der Wechsel auf einen nächst höheren Stuhl mit einigen nicht ganz ungefährlichen Akrobatikübungen verbunden sein.
Hohe Stühle und Bänke wanken eher als niedrige. Daher verwundert es kaum, wenn selbst ein Sesseltanz auf höchster Ebene ein jähes Ende findet.

Am Boden, zwischen Stuhl und Bank

Aus hoffnungsvoller Höhe auf den harten Boden der Wirklichkeit fallend, ändert sich manche Vorstellung über erstrebenswerte Ziele. Die Heruntergefallenen beurteilen ihre Lage jedoch recht unterschiedlich. Der eine nimmt das Schicksal ergeben hin. Ein anderer läßt sich in seinem Optimismus nicht beirren und richtet sein Auge beharrlich nach der nächsten möglichen Sitzgelegenheit. An Höhenlagen gewohnte verweilen nicht gerne zu lange in der Tiefe. Sobald sie sich vom Sturz erholt haben, schicken sie sich an, wiederum mindestens einen Stuhl zu erobern. Starken Persönlichkeiten gelingt dies eher, doch wer aus allzu großer Höhe gefallen ist, braucht für seine Erholung und den Wiederaufstieg entsprechend mehr Zeit.

Die Gestürzten haben allen Grund sich zu beeilen. Denn, derweil sie sich am Boden herummühen, setzen sich oft bereits andere auf den von ihnen verlassenen Sessel und diese beginnen ungeachtet der Vorgeschichte, zu schalten und zu walten.

Gestrauchelt, am Boden liegend, sich wieder auf den Stuhl zu schwingen, darf trotzdem nicht als unlösbares Problem angesehen werden. Das Wiedereinnehmen eines Sitzes führt durchwegs über das Stehen. Jemand, der durch das lange Sitzen das ausdauernde Gehen verlernt und die Standfestigkeit eingebüßt hat, wird jedoch manche herbe Enttäuschung erleben. Vielleicht hebt ihn ein barmherziges Mitglied aus dem Fußvolk, das gewohnt ist die Geschicke auf dem Boden zu führen, wieder auf einen Sessel! Derjenige, der nach einem »Höhenflug« zwischen Stuhl und Bank gelandet ist, denkt oft noch geraume Zeit wehmütig an eine unauffällige, aber solide Sitzgelegenheit zurück!

Ein solider Sessel

Sitzen läßt sich mancherorts und bei vielen Gelegenheiten. Und wenn die Aufgabe keinen anderen Standort erfordert, darf man ruhig sitzen bleiben. Dagegen ist die Absicht, gleichzeitig mehrere Sitzgelegenheiten belegen zu wollen, problematisch. Schwierigkeiten, die sich aus verschiedenen Bauarten der Sessel und den menschlichen Gleichgewichtsverhältnissen ergeben, läßt sich nie ganz ausweichen.

Der Wille, Verantwortung zu übernehmen und damit die Höhen der Führung zu erklettern, ist grundsätzlich positiv zu werten. Wer würde sonst noch unsere Unternehmen führen? Die Frage ist nur, wie und mit welchen Mitteln diese Höhen anzustreben sind! Eine Möglichkeit wurde beschrieben; sie kann zwischen Stuhl und Bank enden. Eine andere Möglichkeit, erfolgreich zu sein, besteht darin, sich mutig für einen bestimmten Standpunkt, Standort oder eben Sessel zu entscheiden, sobald ein objektiver Überblick gegeben ist. Wurde ein solider Sitz gewählt, so erträgt dieser große Belastungen. Wird auf ihm gute Arbeit geleistet, gewinnt er an Bedeutung, er kann sogar zum bevorzugten Sessel werden. Vielleicht aber war die Wahl des Sitzes schlecht; das gesetzte Ziel ließ sich von diesem Standort aus nicht erreichen. Wer trotz Niederlage beweglich geblieben ist, versteht es, zielstrebig einen geeigneteren Sessel zu suchen.

Wackelige, zu hohe und schwache Sessel werden selbst von durchschnittlichen Mitarbeitern bald als solche erkannt. Ehrgeizige Vorgesetzte lassen sich oft von der Höhe und dem Prunk eines Sessels beeindrucken. Emporkömmlinge, die, um alle möglichen Chancen offenzuhalten, auf mehreren Sesseln lediglich teilweise sitzen oder sogar noch halbwegs stehen, merkt man sich. Es ist schwierig, diese in das Gefüge einer Gemeinschaft einzuordnen. Sie sind nicht verläßlich und man schätzt sie deshalb nicht besonders.

Einige Unentwegte, obwohl sie von den Gefahren auf den hohen Sesseln Kenntnis haben, glauben weiterhin, daß gerade für sie, dank ihren besonderen Fähigkeiten, andere Regeln gelten. Sie können es nicht lassen, ihr Glück gleichzeitig auf mehreren Stühlen zu suchen. Ihnen sei empfohlen, das Gleichgewicht im Seiltanz zu üben, sich für den nicht ganz auszuschließenden Fall zu polstern und stets wachsam ihre Umgebung im Auge zu behalten, auf daß ihnen nicht entgeht, wenn sich jemand anschickt, sie vom Stuhl oder der Bank zu stoßen!

24 *Über das Knie brechen*

In zwei Teile trennen

Fast täglich wird es einmal nötig, irgend einen Gegenstand in zwei Teile zu trennen. Manchmal gelingt der Trennvorgang mit einem sanften Fingerdruck, oft sind aber Wucht und Technik beizuziehen.

In geordneten, ruhigen Verhältnissen läßt sich vorausbestimmen, wann und wie ein Stück in zwei Teile zerfallen soll. Unter Zeitdruck ist es jedoch nicht immer möglich, das zweckmäßigste, kostengünstigste und sauberste Trennverfahren anzuwenden. Daher wird auch den einfachsten und den schnellsten Methoden viel Sympathie entgegengebracht. Erscheint direkte Handarbeit erfolgversprechend, greifen flinke Hände zu und geballte Kraft vollbringt das Werk. Zähe Brocken werden dabei, unter Ausnützung des Hebelgesetzes auch gelegentlich über das Knie gebrochen; dürre Äste krachen. Der gewiegte Taktiker bringt es mit geschicktem Schlag fertig, den Bruch genau dort, wo er ihn sich wünscht, herbeizuführen. Kräftige Naturen sind eher geneigt, etwas über das Knie zu brechen, als sich noch in Gedanken über die optimale Teilung zu ergehen.

Bruchstelle

Die gemeinsame Arbeit lebt von Entscheiden, die zur rechten Zeit getroffen werden, also notfalls selbst dann, wenn die Lösung des Problems noch undurchschaubar ist. Unter Druck, in einer Zwangssituation oder auch weil der mühsame Abklärungsweg widerstrebt, wird der Erfolg oft mit der direktesten Methode gesucht. Manchmal sieht es später so aus, als ob das Problem »über das Knie gebrochen« worden sei.

Mancher Schlag über das Knie hinterläßt an den entstandenen zwei Enden die Zeichen der Gewalt und der Ungenauigkeit. Die Bruchstelle ist oft weder gerade noch sauber. Brach das Stück zudem nicht an der richtigen Stelle, so bleibt nichts anderes übrig, als diese Tatsache hinzunehmen; Änderungen sind jetzt nicht mehr möglich. Ausgefranste, gezackte und ungleiche Enden lassen sich durch einen nachträglichen Schnitt sicher noch korrigieren. Ebenso sicher entstehen dabei unbrauchbare Reste, die bei gezielt geführter Axt oder Säge hätten vermieden werden können.

Ein Vorgesetzter unter Zugzwang, der weiß, daß jetzt und nicht später eine Lösung verlangt wird, denkt wohl zuerst an die zwei gesuchten Teile und weniger an die Bruchstellenqualität. Hält er schließlich nach erfolgtem Schlag über das Knie, die beiden Teile in der Hand, so erscheint für ihn das Problem vorerst als gelöst.

Wenn nur die Nachwirkungen nicht wären! Den nach dem Gewaltbruch zurückgebliebenen wüsten Resten begegnen wir noch lange.

Es liegt in der Natur des Entscheidungsprozesses, daß vorwiegend saubere, eindeutige und unmißverständliche Entscheide weiterführen. Glücklicherweise geht das Geschehen gelegentlich auch ohne messerscharfen Entscheid weiter. Somit ist es denkbar, daß tatsächlich auch die Methode des Brechens über das Knie erfolgreich sein kann.

Brechen oder nicht brechen?

Entscheide im Rahmen von Tätigkeiten untergeordneter Bedeutung lassen sich meistens ohne große Risiken und daher kurzentschlossen fällen. Ein schneller, kräftiger Schlag über das Knie kann manches Problem zur

Zufriedenheit aller Beteiligten lösen. Oft ist es sogar besser unvermittelt zu handeln, als vorgängig fraglich lange Abklärungen, unter Einbezug aller möglicher wissenschaftlicher Aspekte, einzuleiten, die lediglich zur Folge haben können, daß falsche Entscheide zu spät getroffen werden. Genaue Untersuchungen können nähere Informationen ergeben. Handelt es sich jedoch um eine einfache, überblickbare Angelegenheit, so ist es ungewiß, ob sich der große Aufwand lohnt.

Was darf man über das Knie brechen, was nicht? Eine genaue Antwort zu dieser Frage ist kaum möglich. Es sei denn, daß derjenige sie beantworten könnte, der schon über Erfahrungen im Brechen über das Knie verfügt. Denn nur er kennt die Schmerzen, wenn das Stück entgegen den Erwartungen nicht entzwei geht, er kennt die Folgewirkungen, wenn lediglich zwei zersplitterte Teile übrig geblieben sind, er erinnert sich aber auch an den Erfolg, der nur durch die mutige Tat zustande gekommen ist.

Die Kontinuität einer Gemeinschaftsarbeit verlangt mutige Entscheide im richtigen Moment. Nie wird alles lückenlos vorbereitet und abgesichert werden können. Häufiger als man gemeinhin zu glauben bereit ist, führen einfache, beherzte Methoden, die sich unbeirrt auf das Wesentliche konzentrieren, zum Ziel.

Zum Schluß dieser Betrachtung und um die Überlegungen abzurunden, sei nicht verschwiegen, daß es tatsächlich Probleme gibt, die sich trotz bester Vorarbeit nicht schnell und gleichzeitig gut lösen lassen. Viele Angelegenheiten können nun einmal erst nach einer Reifezeit entschieden werden. Werden dank überschüssiger Entscheidungskraft auch Probleme dieser Art über das Knie gebrochen, so ist fast durchwegs mit unangenehmen Überraschungen zu rechnen!

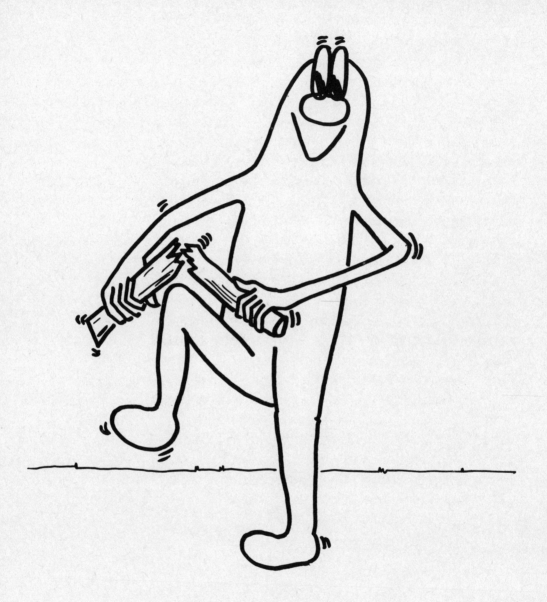

116

25 *Das Roß am Schwanz aufzäumen*

Pferdezug

Das Pferd, das Roß wird aufgezäumt, damit es das Fuhrwerk ziehen kann. Zu diesem Zweck wird dem Roß sinnvoll gestaltetes Lederzeug über seine Schultern gelegt.

Obschon immer wieder versucht wird, das Roß statt an den Schultern, am Schwanz aufzuzäumen, ist es bisher noch nicht gelungen, damit einen Wagen in Fahrt zu bringen. Dieser Umstand ist durchaus erklärbar, denn es liegt ja auf der Hand, daß die Kraft des Pferdes nicht durch seinen Schwanz übertragen wird.

Wer sich trotzdem angeschickt hat – zum Beispiel unerfahrene oder sogar törichte Fuhrleute –, an den Roßschwanz einen Wagen zu binden, erinnert sich nicht nur an den ausgebliebenen Erfolg, sondern womöglich auch noch an die kräftigen Schläge des Pferdes Hinterbeine!

Es muß sein, daß diese Erfahrungen – vielleicht weil inzwischen das Pferdefuhrwerk durch das Automobil ersetzt worden ist – verloren gegangen sind. Anders läßt sich kaum erklären, daß in vielen Unternehmen, Verwaltungen und auch in der Politik gelegentlich die Rede davon ist, daß wieder einmal »das Roß am Schwanz aufgezäumt« worden sei!

Der einfache Weg

Man ist sich einig, das Roß soll den Wagen ziehen. Das Roß ist dazu auch bereit; man muß ihm nur die Gelegenheit geben, sich in die Riemen zu legen.

Das richtige Aufzäumen des Pferdes setzt Geschick voraus. Die Lederausrüstung ist schwer, die Riemen müssen der Pferdegröße entsprechend geschnallt und an der vorgesehenen Stelle, am Wagen und an der Deichsel befestigt werden. Zudem weiß man nie, wie das Pferd bei der ganzen Prozedur reagiert.

Wieviel einfacher scheint es doch, den Wagen mit einem einzigen Riemen an den Schwanz des Pferdes zu knüpfen. Jedermann müßte doch auch so erkennen, daß der Wagen mit dem Pferd verbunden ist. Das Roß hat die Kraft, der Wagen die Räder, was braucht es noch mehr, das Gefährt kann rollen!

Überlegungen solcher Logik greifen gerne in Gegenwart komplexer Probleme um sich. Anstatt sich entschlossen dem Kern der Sache, der Quelle des Kräfteflusses zuzuwenden, versucht man, die einfachste, sich gerade anbietende Lösung zu propagieren. Viele unwissende, in die Materie nicht eingeweihte Mitarbeiter sind damit zufrieden, nicht zuletzt, weil sie sich erhoffen, vorerst unangenehmen Umtrieben ausweichen zu können. Oft trügt aber der Schein, wenn nur dank Oberflächlichkeit eine Problemlösung als einfach angesehen worden ist.

Konnte oder wollte man das Wesentliche einer Sache nicht sehen, tritt die Ernüchterung spätestens dann ein, wenn die Aktion starten, das »Roß« ziehen sollte und davon leider nichts bemerkt werden kann.

Am Zuge liegt es

Ziehen und damit etwas verschieben, kann man auf verschiedene Arten. Wer dazu berufen ist, die dem Problem angemessene Lösung zu finden, kann auf die Dauer nur erfolgreich sein, wenn er weiß, wo Kräfte greifen. Seine Entscheide dürfen also nicht nur vordergründigen Bedürfnissen und idealen Vorstellungen folgen, sondern sollten bis hinter die Fassade reichen.

In unserer technischen Zivilisation gibt es sehr viele komplexe Probleme, die nur wenige unserer Mitmenschen noch zu überblicken vermögen. Damit ist erklärbar, daß wohlklingende Lösungen in weiten Kreisen auf Sympathie stoßen, obwohl von ihnen kein »Zug« zum Schwerpunkt des Problems ausgehen kann. Drängt die Lage, sind sogar kritische »Geister« erleichtert und froh, daß überhaupt jemand entschieden hat, daß jetzt jedermann weiß, wie es weitergeht, daß man nun auf bessere Zeiten hoffen darf.

Manchmal verstreicht eine lange Zeit, bis feststeht, ob das »Roß« richtig aufgezäumt worden ist. Mit der Wahrscheinlichkeit möglicher Entwicklungen rechnen jene, die das Roß leichtfertig und wider besseres Wissen am Schwanz aufgezäumt haben, eher selten. Vereinzelte spekulieren sogar mit der Vergeßlichkeit, damit, daß im Moment, wo das Roß ziehen sollte, längst niemand mehr weiß, wer das Roß aufgezäumt hatte. Glücklicherweise treten die wirklichen Verhältnisse doch ab und zu an den Tag. Wenn trotz optimistischer Verheißungen nichts geschah, wenn sich nichts verändert hat, nichts verschoben worden ist, zeigt sich später, daß aus der Sache vielleicht auch gar nichts entstehen konnte, weil das Roß am Schwanz aufgezäumt worden war.

Ratschläge zu geben, wie sich rechtzeitig erkennen ließe, ob das Roß richtig aufgezäumt worden sei, ist keineswegs ein einfaches Unterfangen. Immerhin hat sich aber erwiesen, daß Beratungen auf fruchtbaren Boden fallen, sobald kein Zweifel mehr besteht, wo das Pferd seinen Kopf und wo seinen Schwanz hat!

26 *Vor den Kopf stoßen*

Harter Stoß

Es ist nicht jedermanns Sache, Stöße vorne an den Kopf, gelassen hinzunehmen. Diese wortlose Art der Kommunikation sprengt eindeutig den
üblichen Rahmen eines Verständigungsdialogs.
Bevor diese robuste Geste zur Anwendung gelangt, findet vorgängig
meistens ein Gespräch statt. Argumente werden gegenseitig ausge-
tauscht und abgewogen. Von friedlichen Verhältnissen darf man reden,
wenn am Ende der Diskussion eine Übereinstimmung der Standpunkte
gefunden wurde. Bleiben statt dessen gegensätzliche Vorstellungen im
Raume stehen und werden drohende Fronten aufgebaut, stellt sich bald
die Frage, ob ihnen mit bloßen Worten allein noch beizukommen ist.
Viele unserer Mitmenschen sind nicht in der Lage, sich eine Verhand-
lungsniederlage einzugestehen. Für sie geht der Handel weiter. Sie warten auf die nächste Gelegenheit, um sich doch noch besser aus der Affäre
zu ziehen. Glücklicherweise versuchen in solchen Situationen lange
nicht alle das Schicksal mit direkter Gewalt zu ihren Gunsten zu wenden.
Fehlen jedoch Logik und Vernunft, wächst das Verlangen, dem ange-
stauten Mißbehagen mit Nachdruck Luft zu verschaffen.
Eine erste Reaktion muß nicht gleich in einem totalen Ringkampf enden.
Auch ist nur in seltenen Fällen damit zu rechnen, daß ein Partner mit vor-
gehaltener Hand seinen Widersacher vor den Kopf stößt. Manchmal
wirken aber trotzdem harte, beleidigende, persönlich diffamierende und
schockierende Worte wie Stöße vor den Kopf.

Frustriert

Dialoge, die mit einem Stoß vor den Kopf einen Höhepunkt erreichen, bleiben in einer Arbeitsgemeinschaft selten verborgen. Sicher ist es durchaus menschlich, wenn nach dem empfangenen Stoß, nach der erlittenen Schmach, vorerst die Bereitschaft zu weiteren Gesprächen geschwunden ist. Die einen hegen Rachegedanken. Andere taumeln, sind zerknittert und können kaum verstehen, was vorgegangen ist. Viele philosophieren auch über die menschliche Rücksichtslosigkeit.

Bei jenen, die es gut gemeint haben und als Dank dafür ins Gesicht geschlagen wurden, wird die Stimmung sehr trübe. Sie sind nicht nur frustriert, sondern leiden darunter, daß man es wagen konnte, derart rüppelhaft, ohne irgendwelchen Anstand, plump und fast barbarisch ihnen zu begegnen.

Die Art und Weise, wie man überrascht und ohne Bezug zum üblichen Umgang, bloßgestellt und lächerlich gemacht wurde, wirkt nachhaltig.

Das Ehrgefühl ist verletzt!

Einige zart besaitete Mitarbeiter fühlen sich sehr schnell vor den Kopf gestoßen, selbst wenn auf der ganzen Welt niemand die Absicht gehabt hat, irgendwelche Stöße zu verteilen. Andererseits pflegen gewisse Mitarbeiter einen recht »stoßfreudigen« Umgang und sind dabei der festen Überzeugung, sämtliche Regeln der Diplomatie anzuwenden! Es darf natürlich auch nicht übersehen werden, daß besonders listige, berechnende, eher rational denkende Mitarbeiter gerne einen mißliebigen Arbeitskollegen vor den Kopf stoßen. Denn sie haben gelernt, die Auswirkungen davon zu nutzen. Während einer kürzeren, manchmal während einer längeren Zeit kann der gestoßene Kollege gebremst, zurückgehalten und an seiner vollen Aktivität gehindert werden.

Die Stirne bieten

Soll sich der Angegriffene geschlagen geben? Sich dem groben oder auch nur ungeschickten Gegner fügen, ihm den Erfolg zugestehen? Sich dagegen auflehnen oder sogar zum Gegenangriff übergehen?

Bei allen denkbaren Reaktionen ist zu berücksichtigen, wie der Stoß vor den Kopf überhaupt zustande gekommen ist.

Eine versöhnliche Haltung ist durchaus angebracht, wenn ein sonst zahmer Arbeitskollege, weil er durch das Gespräch bewußt in die Enge getrieben wurde, weil man ihn mit einem feinmaschigen Netz einfangen wollte, sich der Verzweiflung derart näherte, daß ein ungestümer Ausbruch nicht mehr zu umgehen war. Nachsicht gegenüber Personen, die grundsätzlich geneigt sind, mit Händen nach den Köpfen ihrer Gesprächspartner zu greifen, ist dagegen fehl am Platze; es schadet sogar nichts, sie in zweckmäßiger Form an die eigene Position der Stärke zu erinnern. Nur wer nach Schlägen an den Kopf nicht taumelt, weiterhin seine starke Stirne zu bieten weiß und unmißverständlich zu verstehen gibt, daß er seinen Standort nur aufgrund überzeugender Worte, nicht durch Stöße, bereit ist zu verschieben, wird erfolgreich sein.

Nach dem Stoß vor den Kopf gibt es viele Möglichkeiten, den Weg zur Zusammenarbeit wiederzufinden. Die einen sind länger und andere sind sogar nur in Etappen erreichbar. Oft ist Einsicht nötig und Großzügigkeit ebnet fast alle Wege.

Eine besondere, unglücklicherweise trotzdem gelegentlich in Erwägung gezogene Variante der Problemlösung sollte aber keineswegs ernsthaft ins Auge gefaßt werden:

Bei einem Stoß vor den Kopf, den Kopf als Schwamm erscheinen lassen. Diese Taktik mehrmals angewandt, bewirkt, daß ein Vorgesetzter oder ein Mitarbeiter mit der Zeit nicht mehr als Partner, sondern eben nur noch als eine Substanz, die alles dämpft oder aufsaugt, angesehen wird. Auf dieser Stufe angelangt, ist bestimmt nur noch mit friedlichen Gesprächen zu rechnen. Ein echter Dialog, der Probleme löst, ist aber unter diesen Umständen kaum mehr denkbar!

122

27 *Das Wasser abgraben*

Wasserversorgung

Ohne Wasser leben wir nicht lange. Die Natur will es so. Wassermangel verursacht Trockenheit und Durst. Das Wasser ist daher ein kostbares Gut.

Jene, die den Wasserquellen nahestehen, tragen daher Verantwortung und können Macht ausüben.

Es kommt vor, daß jemand es nicht gerne sieht, wenn sich ein ihm unsympathischer oder sogar feindlich gesinnter Mitmensch unbeschränkt am frischen Sprudel der Quelle erlabt. Neid oder böswillige Absicht können in solchen Situationen dazu verleiten, den Fluß des Wassers zu stören oder die Quelle sogar zum Versiegen zu bringen. Erfolgversprechende Methoden dieser Art gibt es viele. Handelt es sich um eine einfache, ursprüngliche Wasserversorgung, mit Quellfassung, Brunnstube und Auffangbecken, so läßt sich mit Pickel und Schaufel ein perfektes Werk vollenden: Ein Graben unterbricht den gewohnten Wasserlauf. Das Wasser ist abgegraben!

Durst

Die Arbeitsqualität und die Effizienz des einzelnen Mitarbeiters in einer Gemeinschaft hängt entscheidend von den ihm zugänglichen Informationen ab. Fließen Informationen nicht oder nur ungenügend, riskieren Tätigkeiten zu verkümmern.

Der Informationsfluß hat demnach für ein Unternehmen eine ähnliche Bedeutung wie das Wasser für Mensch, Tier und Pflanzen.

Tüchtige Mitarbeiter, die in einem Unternehmen eine gute Wirkung erzielen, verdanken dies zu einem großen Teil ihren umfassenden, aktuellen und ausgewogenen Kenntnissen.

Erfolgreiche ziehen Neider an. Auch ängstliche Mitarbeiter und solche die die Zusammenhänge nicht zu erkennen vermögen, sind mißtrauisch oder argwöhnen über große Leistungen. Sowohl Neid als auch Angst machen erfinderisch. Einige atmen beruhigt auf, wenn es ihnen gelungen ist, dem Tüchtigen die Quelle seiner Informationen zu unterbinden. Möglichkeiten dazu gibt es viele: Briefe werden nicht mehr weitergeleitet, Dokumente einem andern Ablauf übergeben, Rapporte und Sitzungen können ausfallen, Vorgesetztenverhältnisse können umgestellt werden, Büroräume werden verlegt.

Von den bisherigen Informationen abgeschnittene Mitarbeiter empfinden bald den Mangel. Fehlendes Wasser, fehlende Informationen verunmöglichen eine normale Leistung. Der geschwächte Zustand wird zur Ursache von Fehlern. Auf diese Fehler warten insbesondere jene, die den Unterbruch des Informationsflusses erwirkt haben.

Wie man sich bei Durst nach Informationen verhält, ist für die weitere Existenz überaus entscheidend. Ein Handeln wie zu Zeiten des reichlichen Informationsflusses wäre genauso falsch, wie das ergebene Eingeständnis, daß man unter den neuen Umständen sowieso nichts mehr Vernünftiges zustande bringt.

Genauso wie es nicht selbstverständlich ist, daß die Quelle nicht von sich aus und beständig Wasser liefert, muß auch, wer Informationen haben will, bereit sein, selber eine Leistung zu vollbringen und mindestens seine Datenlieferanten zu pflegen.

Ein reichlicher und als selbstverständlich angesehener Informationsfluß verleitet dazu, bequem zu werden. Oft läßt erst der Durst den Ursprung und die Eigenheiten wieder erkennen.

Neue Quellen erschließen

Gute Quellen, die darauf warten, erschlossen zu werden, existieren nicht beliebig viele. Es ist auch ungewiß, ob eine unterbrochene Quelle wieder zum Fließen gebracht werden kann. Bevor riskante Experimente eingeleitet werden, ist daher ein kritischer Blick auf die Ursachen, die zum Schaden geführt haben, unerläßlich. Bei dieser Gelegenheit kann sich nämlich zeigen, daß der Unterbruch im Grunde genommen auf eigene Schuld, auf Nachlässigkeit oder gar Überheblichkeit zurückzuführen ist, daß die vermeintlichen Bösewichte zu ihrem Handwerk geradezu ermuntert worden sind. Diese Erkenntnis schafft eine erweiterte Beziehung zu den Quellen: Reparaturen sind zwar möglich. Sollte man sich aber nicht ständig nach neuen Quellen umsehen?

Alle Quellen haben eine Entstehungsgeschichte. Irgendwo muß es geregnet haben, damit eine Quelle zu fließen beginnt, muß etwas geschehen sein, damit eine Information überhaupt formuliert werden kann.

Auf der Suche nach neuen Informationen bleibt oft das große Staunen nicht aus, wenn man inzwischen entdeckt, daß die bisherigen, jetzt aber versiegten Quellen, lediglich unsichere, ja verfälschte Informationen sprudeln ließen, also keineswegs rein und sauber waren. Der erlittene Durst unterstützt jedenfalls manchen Gedanken über echte und unechte Quellen. Dabei wird eine Vermutung bald zur Gewißheit: Einmal entstandene Informationen, ob gute, schlechte, falsche, erfreuliche oder entstellende, fließen durchwegs irgendwann weiter; wenn nicht kanalisiert, so dann sicher planlos. Im letzteren Fall bilden sie irgendwo einen Informationssumpf. In ihm treffen wir nicht selten auch jene an, die mit viel Geschick das Wasser abgegraben haben!

126

28 *Nicht alle Tassen im Schrank haben*

Ordnungssinn

Tassen, die nicht verwendet werden, sind sorgfältig in Reih' und Glied in den Schrank einzuordnen. Es wird nicht besonders geschätzt, wenn gebrauchte, schmutzige Tassen herumstehen. Denn bald einmal muß der Tisch für das nächste Mahl gedeckt werden. Wenn nun die Tassen im Schrank fehlen, beginnen die Probleme. Eilig wird gesucht und meist auch gefunden, gereinigt und die gewohnte Ordnung wieder hergestellt. Selbst wenn wegen einer Unordnung oder Unvollständigkeit in der Regel kein Gerichtsfall entsteht, taucht doch gelegentlich die Frage nach einem Schuldigen auf. Wer hat es unterlassen, die Tassen in den Schrank zu stellen? Muß festgestellt werden, daß immer dieselbe Person nachlässig ist, mangelhaften Ordnungssinn vorlebt, vielleicht nicht einmal weiß, daß die Tassen nach Gebrauch in den Schrank gehören, dann erhält sie bald einen Bekanntheitsgrad, für dessen nähere Bezeichnung oft wenig schmeichelhafte Worte verwendet werden. Angelehnt an kürzliche Erlebnisse, hört man denn auch lakonisch hingeworfene Qualifikationen: »Er hat nicht alle Tassen im Schrank!«

Verstreute Tassen

Es muß sich nicht immer nur um Tassen handeln. Ähnliche Vorstellungen über das, was sich gehört, treffen wir auch im Verhaltensbereich einer Zusammenarbeit an. Oft vertrauen wir beinahe blindlings Abläufen

– Tasse gebrauchen – Tasse reinigen – Tasse wieder in den Schrank ein-
ordnen – usw. –, die sich über Jahre als selbstverständlich eingebürgert
haben. Rein instinktiv, ohne also die funktionalen Zusammenhänge stets
aufs neue zu ergründen, folgen wir einem Rhythmus, der auf bewährten
Wertvorstellungen aufbaut.

Wir unterscheiden uns in der Fähigkeit, Zusammenhänge in ihrer
Bedeutung zu erfassen und danach zu handeln. Der eine oder andere
Kollege hinterläßt in dieser Hinsicht manchmal sogar einen recht ein-
seitigen Eindruck, der bisweilen auch einfältig wirken kann. In extremen
Fällen wird auch der abschätzige Vergleich mit Tassen beigezogen, die
im Schrank sein sollten – Erkenntnisse, die im Gedächtnis richtig ein-
geordnet sein sollten –, dort aber leider fehlen. Sind es aber immer nur
mangelnde Begabung, Unvermögen, Rückständigkeit oder Gleichgültig-
keit, die zu einer solchen Charakterisierung führen?

Voreilige Urteile über die Ordnung in der Handlungsweise werden durch
Abwarten des richtigen Beurteilungszeitpunktes vermieden. Erst wenn
sich Zustände unbegreiflicher Unordnung wiederholen, werden Rück-
schlüsse möglich. Dabei zeigt sich zum Beispiel, daß eine seltene aber dafür um so auffallendere Kategorie von Tassenbenützern nicht einsieht,
daß Tassen bis zu ihrem nächsten Gebrauch feinsäuberlich in einem
Schrank aufgehoben werden sollten. Sie haben offensichtlich eine eigene
Vorstellung über den Verlauf der Dinge!

Den Überblick wahren

Den richtigen Umgang mit Tassen versteht nur jemand, der auch die Zusammenhänge rund um den Getränkegenuß kennt. Einiges des »Tassen-
kreislaufes« läßt sich grundsätzlich auch mit zwischenmenschlichen
Vorgängen vergleichen. So versuchen etwa schwache Vorgesetzte, infolge mangelhafter Sicht auf das Ganze, durch ein schnell ausgesprochenes

Urteil, von den tatsächlich vorliegenden Verhältnissen abzulenken. Oft erreichen sie damit, daß Arbeitskollegen, deren Tätigkeit unordentlich, sonderbar und fehlerhaft erscheint, in Mißkredit geraten und sie selber sich dadurch positiv abheben können.

Es ist üblich und normal, daß im Arbeitsalltag gelegentlich unüberlegt und leichtfertig mißbilligende Worte fallen. Sobald dabei aber eine Persönlichkeitssphäre verletzt wird, treten Worte, die sonst kaum beachtet werden in eine neue Dimension. Der Ausdruck, »nicht alle Tassen im Schrank« ist imstande, selbst diese Dimension zu sprengen, da damit weniger einen begangenen Fehler oder eine Ungeschicklichkeit, als vielmehr latent vorhandene Dummheit oder Unvermögen angesprochen wird.

Wer vorsichtig ist, prüft, bevor er jemand aufmerksam macht, er habe nicht alle Tassen im Schrank, ob er selber über das Inventar der Tassen im Schrank im Bilde ist. Vielleicht stellt sich bei dieser Gelegenheit schon heraus, daß nämlich auch in seinem Schrank bereits eine einzige Tasse fehlt!

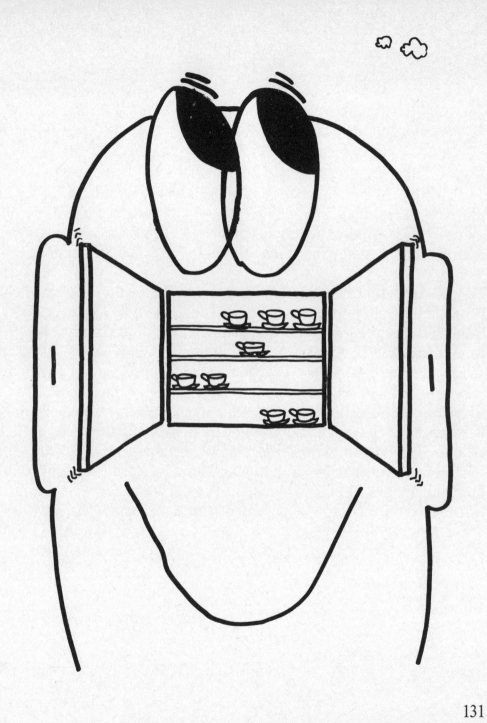

131

29 *Aus allen Wolken fallen*

In den Wolken

In den Wolken muß es ruhig und friedlich, die Bewegungsfreiheit soll fast grenzenlos sein. Man findet dort eine Umgebung vor, die es erlaubt, seiner Fantasie freien Lauf zu lassen. Die lästigen Alltagsprobleme des Bodens sind fern; die Gedanken werden durch keine Sachzwänge eingeengt.

Feste Materie ist hoch oben nur selten anzutreffen. Luftig läßt sich leicht bauen; traumhafte Dimensionen und Schönheiten rücken in die Nähe. Gebilde aus der heilen Welt der Wolken finden jedoch kaum vergleichbare irdische Werte. Aus der Sicht des Bodens ist das Wesen der Wolken somit nur begrenzt erfaßbar. Die Wolken sind schön – oder scheinen sie nur so? – und weit weg. Sicher ließe sich in ihnen behaglich leben! Erdgebundene Kreaturen, geplagt von Sorgen und Ärger, sehnen sich in Krisenlagen recht oft danach, sich aus dem Zangengriff des Alltagslebens zu lösen. Das Entkommen in eine reine Welt, die es ermöglicht, allein zu sein, frei zu denken und zu gestalten, gelingt jedoch selten im gewünschten Sinn. Von einer allfällig doch einst geglückten Flucht spricht man meistens erst, wenn festgestellt werden kann, daß jemand »aus allen Wolken gefallen ist«!

Der Weg zurück in die Wirklichkeit

Kurzes, wenn auch nur gedankliches Entschwinden in eine ideale, fremde Welt, ist wohltuend. Es kann dazu beitragen, gegenüber den Verkrampfungen unserer Gegenwart wiederstandsfähiger zu bleiben und sich für die Aufnahme neuer Impulse zu öffnen.

Gerade Vorgesetzte, die verantwortungsvoll die Geschicke einer Gemeinschaft lenken, dürfen sich nicht in der Routine verlieren und sich sklavisch den Sachzwängen beugen. Um nicht in den Sog einer solchen Entwicklung zu geraten, benötigen sie große Mengen neuer Impulse. Diese ergeben sich nicht zu jeder Zeit in beliebiger Umgebung und bei jeder Gemütsverfassung. So muß es denn keineswegs störend wirken, wenn ein Chef oder auch ein Mitarbeiter, von dem man Ideen und kreatives Schaffen erwartet, sich ab und zu aus dem üblichen, geordneten Gemeinschaftsgetriebe entfernt, um unbelastet neue Kräfte aufzutanken. Der Erfolg stellt sich fast immer ein. Nicht nur Neues hat Eingang in eine bisher festgefahrene Gedankenwelt gefunden, sondern auch die Optik auf die Dinge des Alltags hat sich geändert. Mit größerer Gelöstheit wird nun ein Ablauf neu in Schwung gebracht und lassen sich Ungereimtheiten ertragen und verarbeiten.

Doch längst nicht alle haben die Möglichkeit, sich zum Zwecke des persönlichen Aufbaus, von ihrer Gemeinschaft zu entfernen. Viele haben aber inzwischen entdeckt, daß es einen jedermann zugänglichen Weg gibt, wenigstens gedanklich auszuschweifen und sich in Träumen zu wiegen.

Trotzdem, wer physisch oder nur gedanklich zu lange in den Wolken weilt, verliert meistens sehr schnell den Bezug zu dem, was sich am Boden abspielt. Der Maßstab der Objektivität beginnt zu wanken. Denn in der befreiten Gedankenwelt ist in der Zwischenzeit ein Idealbild gewachsen. –

Solange ein Vorgesetzter Mitglied einer Gemeinschaft bleiben will, wird er über kurz oder lang wieder einmal der Wirklichkeit gegenübergestellt. Von den Informationen über das laufende Geschehen entblößt, staunt er, erschrickt und hat mit Verständnisschwierigkeiten zu kämpfen.

Trotz Höhenflug den Bodenkontakt nie verlieren!

Langes, sorgloses Verweilen in luftigen Wolken bewirkt, daß der Umgang mit der harten Realität nicht mehr beherrscht wird. Wenn man aus der Höhe der behaglich weichen Wolken – die Wolken können auch aus Tagungen, Seminaren, Symposien etc. bestehen – auf den Boden zurückfällt, wird man erst Zeuge eines kontrastreichen Erlebnisses, mit beileibe nicht immer negativen, sehr häufig sogar positiven Folgen. Manch' einer sieht nun ein, daß Höhenflüge in den Wolken immer ein jähes Ende am Boden finden und daß dort, im Gegensatz zum Flug in der Höhe, eine bescheidene, eher mühsame Fortbewegung folgt.

Höhenflüge ermöglichen den Überblick über das, was sich unten abspielt; daher sind sie auch für Vorgesetzte besonders wertvoll. Dauern sie jedoch zu lange, so wird nicht nur zuviel von oben nach unten geschaut, auch die Übung im Fußmarsch kann verloren gehen. Plötzliches Zurückfallen auf den Boden bringt diesen Zusammenhang schmerzhaft zum Bewußtsein.

Wir alle wissen, daß das Entschwinden in die Wolken mit allerlei Problemen verbunden ist und daß es nie möglich sein wird, insbesondere idealdenkende Mitarbeiter am Aufstieg in die Wolken zu hindern. Jedoch schon eine alte Fliegerweisheit sagt: »Runter kommen sie immer«! Für eine Arbeitsgemeinschaft ist es wichtig, wie die Rückkehrer empfangen werden. Werden sie als untauglich abgeschoben und isoliert, entsteht kein Nutzen, sondern nur eine Belastung und möglicherweise sogar ein Verlust. Gelingt es dagegen, von den Gedanken in der Stille, vom erlebten Weitblick des Boten aus den Wolken, aus der vom Arbeitsalltag unbelasteten Zeit Impulse in eine Arbeitsgemeinschaft hinein zu begleiten, werden die Wolken und alle, die sich darin befunden haben, wesentlich differenzierter beurteilt.

Trotz aller möglichen positiven Erwartungen geht, wer in den Wolken schwebte, vorerst einigen Problemen entgegen, deren befriedigende Lösung grundsätzlich ungewiß ist. Vorsichtige Mitarbeiter und Vorge-

134

setzte trachten daher danach, selbst wenn sie Höhe, freien Überblick und neue Horizonte anstreben, mindestens über ein Halteseil mit dem Boden verbunden zu bleiben!

30 *Mit dem Kopf durch die Wand rennen*

Geballte Kraft

Je größer die Hindernisse auf dem Weg zu einem Ziel sind, um so mehr Kraft und Geschicklichkeit sind zu deren Überwindung aufzuwenden. Niedere Hürden lassen sich meist mit Leichtigkeit überspringen, Sümpfe durchwaten, Dickichte durchstoßen. Wille und Entschlossenheit beschleunigen das Vorankommen.

Nun, die Beschaffenheit zurückzulegender Wegstrecken ist recht unterschiedlich. Jedermann weiß, daß die Pfade nicht nur holperig, sondern manchmal sogar durch Sperren unterbrochen sind. Doch dank Wucht und Wahl des richtigen Instrumentes ist Hoffnung noch berechtigt! Dabei gelingt es aber selten oder nie, Wände, unbeugsam wie Betonmauern, kopfvoran zu durchstoßen. Dennoch werden wir immer wieder Zeuge recht gewagter Versuche!

Von den Kühnen, denen der Sprung »mit dem Kopf durch die Wand« gelungen ist, spricht man noch lange Zeit, denn es gibt deren nur wenige. Weitaus die meisten prallen ab und nehmen Schaden; bisweilen sogar tödlichen!

Abgeprallt

Wir kennen auch im Führungsbereich Vorgänge und Abläufe, die sich durch plötzlich auftretende Widerstände nicht mehr weiterentwickeln. Ein Vorgesetzter, der sich gegenüber einem Ziel verpflichtet fühlt, wählt, sofern er frei entscheiden kann, den ihm am geeignetsten erscheinenden Weg. Zu forsches Drängen jedoch, zu große Selbstsicherheit lassen in einer Arbeitsgemeinschaft Gegenkräfte wachsen, die trotzig und unerbittlich Halt gebieten. Das Freikämpfen eines solchen Weges verlangt Gespräche und Zeit.

Viele Vorgesetzte fürchten den Zeitverlust und Umtriebe. Natürlich sehen sie durch den von ihren Mitarbeitern ausgehenden Widerstand auch ihre persönliche Geltung und ihre Autorität in Frage gestellt. Damit läßt sich erklären, daß in einer derart verzweifelten Lage selbst der Weg durch das Hindernis als echte Alternative geprüft wird!

Das schmerzhafte Abprallen an der harten Wand hat bei unserer Betrachtung glücklicherweise keinen Schlußpunkt unter ein zu mutiges Leben gesetzt. Es bleibt jedoch unverkennbar, daß eine überaus heftig geführte Aktion ihr vorläufiges Ende gefunden hat.

Jene, die das schmerzliche Ereignis überlebt haben, können ganz unterschiedlich reagieren:

- Der eine, von den erlittenen Verletzungen beeindruckt, hütet sich, jemals wieder gegen harte Wände anzurennen.
- Ein anderer glaubt mit größerem Anlauf erfolgreicher zu sein, bereitet sich sorgfältiger vor und setzt seine Reserven ein.
- Und da wären noch die Unbelehrbaren, die weiterhin und blindlings gegen Mauern rennen bis ihre Kräfte erschöpft sind oder sie sich das Genick gebrochen haben.

Erfolglose, abgeprallte Vorgesetzte belasten eine Arbeitsgemeinschaft. Denn für den gescheiterten Chef beginnt vielfach eine Phase des Überlebens, in der er nicht in der Lage ist, seine volle Führungsaktivität zu entfalten. Das Mißgeschick des Vorgesetzten bleibt natürlich seinen Untergebenen wie auch seinen übergeordneten Stellen nicht verborgen. Eine Arbeitsgemeinschaft ist überdies auch sensibel im Erkennen der Ursachen, die zum Scheitern ihres Chefs geführt haben. So sehen sie bald, ob der Vorgesetzte aus lauter persönlichem Ehrgeiz, aus Begierde sein Besserwissertum unter Beweis zu stellen, aus Dummheit oder Fahrlässigkeit, aus idealen Heldenvorstellungen in dieser Art gehandelt oder

sich einfach aus guter Absicht für die gemeinschaftliche Sache aufge-
opfert hat.

Der gangbare Weg

Der richtigen Einschätzung eigener Kräfte, Mittel und Möglichkeiten
können Vorgesetzte kaum je genügend Aufmerksamkeit schenken.
Selbst optimistische Stimmungen dürfen nicht zu Taten verleiten, die
selbst Naturgesetzen zuwiderlaufen: Menschliche Köpfe sind nun einmal weicher als Mauern! Fehlt diese Erkenntnis, müssen bald einge-
stauchte Köpfe auftreten, die auch aus geringer Distanz von stumpfen
Führungsspitzen nicht mehr zu unterscheiden sind. Das Wissen um die
eigene Ausgangslage bringt logischerweise auch die Einsicht, daß grundsätzlich längs des Weges zum Unternehmensziel harte, für den Kopf zu
harte Widerstände vorkommen. Da Führen zu einem großen Teil aus
Voraussehen und Planen besteht, da Entscheide nur eine Folgeerschei-
nung davon sind, kann über die sorgfältige und systematische Wegvorbe-
reitung, unter Einbezug der Mitarbeiter, manche Wand am Entstehen
gehindert, die Überwindung eines nun einmal aufgetauchten Hindernis-
ses mit gemeinsamer, konzentrierter und geballter Kraft angegangen
oder der Umweg angeordnet werden.
Unter Menschen läßt sich wohl der Drang zum Heldentum kaum vollständig ausrotten. Wirkliche Helden sind ab und zu auch nötig und
wirken für mutiges Handeln beispielhaft. Langfristig sind aber durchschnittliche Geschwindigkeiten und Kräfte, stetiges und überdachtes
Handeln für eine Arbeitsgemeinschaft vorteilhafter. Das mutige wie
auch das fahrlässige Rennen in eine Mauer enthält immer das Risiko, daß
ein, für die Gemeinschaft wichtiger Vorgang gestoppt wird. Unterbrochene Abläufe benötigen zu ihrem erneuten Start zusätzliche Energie; eigentlich ein vermeidbarer Verlust!

138

An der Mauer zerschellte Vorgesetzte sind nicht beliebig wieder einsetzbar; es ist also auch mit Personalverlusten zu rechnen. Und dort liegt eigentlich das zentrale Problem dieser Sache. Nach Verlusten und Personalwechsel ist ein neuer Start in Richtung des alten Zieles oft in Frage gestellt. In einer Arbeitsgemeinschaft lassen sich die Arbeitsziele auch nicht beliebig wechseln.

Der begehbare Weg führt nicht durch harte Wände, sondern umgeht oder überwindet sie; die dazu erforderlichen Mittel, auch die geistigen, sind am Anfang des Weges bereitzuhalten. Einzig wer »kopflos« rennt, begreift diese Methode nicht!

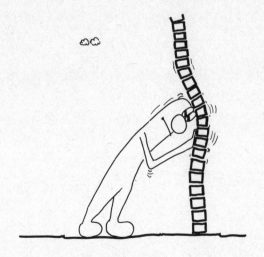

31 *Auf den Leim gehen*

Sich erwischen lassen

Mit Speck fängt man die Mäuse, mit Leimbrettern lassen sich Käfer, Kriechtiere, Ungeziefer, ja sogar Vögel fangen. Wohlverstanden, bei den Vögeln weniger die ruppigen großen Raubvögel, als vielmehr die niedlichen, farbigen Vögel, jene die oft fröhlich zwitschern und singen.

Dem Leim sieht man seine klebrigen Eigenschaften nicht an. So erfährt auch der kleine Vogel vom bösartigen Charakter des Leimes erst, wenn er schon festklebt, seine Freiheit eingebüßt hat und nun dem Willen des Fallenstellers ausgeliefert ist.

Aber wieso gehen sie auf den Leim? Duftstoffe und beigemischte Körner wirken verführerisch und anziehend. Gerade hungrige Vögel freuen sich auf den bevorstehenden Genuß schmackhafter Körner und denken wenig an Gefahren, die von unsichtbarem Leim ausgehen könnten.

Wie man erwischt wurde, ist weniger entscheidend, als vielmehr die Tatsache, daß man nun festsitzt. Das Anfliegen des Leimbrettes und das Stehen auf ihm, weckt beim Singvogel noch keinen Verdacht. Solange er sich des Genusses dargebotener Körner erfreuen darf, ist für ihn noch alles zum besten bestellt. Erst wenn er die Absicht hat, wegzufliegen, wird er sich seiner effektiven Lage bewußt.

Den Vorgang, wie mit Leimbrettern Vögel gefangen werden, können wir mit eigenen Augen verfolgen. Gesehen wurde es zwar noch nicht, doch gelegentlich ist die Rede davon, daß selbst ausgewachsene menschliche Wesen »auf den Leim gegangen sind«!

Gefangen

Singvogelähnliche Mitarbeiter sind praktisch in allen Arbeitsgemeinschaften anzutreffen. Auch Spezialisten, die den gewandten Umgang mit Leimbrettern verstehen, sind nicht selten. Letztere wissen genau, daß es ihnen nie gelingen wird, große Vögel mit Leimbrettern zu fangen. Daher machen sie sich hinter die kleinen, vorwitzigen, zutraulichen und eher schwächlichen. –

Gemeinschaftliche Ziele lassen sich am besten mit einem koordinierten, gut eingearbeiteten Mitarbeiterstab erreichen. Um diese Voraussetzungen zu erfüllen, müssen die Mitarbeiter durch ihren Vorgesetzten auf den richtigen Weg zum Ziel geführt werden. Dieser Vorgang gelingt nicht immer auf Anhieb. Da sind Mitarbeiter mit einer knappen Auffassungsgabe. Andere sind von ihrer fixen Vorstellung nicht abzubringen. Weitere möchten sich nicht binden lassen, solange kein eindeutiger Zwang dazu besteht.

Es kann sein, daß ein Vorgesetzter weder fachlich noch menschlich zu überzeugen vermag oder daß seine Mitarbeiter aus irgendwelchen Gründen sich nicht in seinem Sinne leiten lassen. Die drückend scheinende Pflicht, unter allen Umständen das Ziel zu erreichen oder das unbändige Verlangen, seinen Willen selbst bei mangelnden eigenen Kräften durchzusetzen, machen erfinderisch. Wenn die fachlich-menschlichen Qualitäten nicht ausreichen – die Ursachen liegen meist bei Unsicherheit, Hemmungen oder falsch verstandener Zurückhaltung – so bleibt noch die Möglichkeit des »Erwischens«, des lautlosen unauffälligen Einfangens von Mitarbeitern. Wirksame Köder, wie einnehmende Worte, vorgespielte Vertraulichkeit und Versprechen locken in die Falle.

Wenn die Lage drängt, wenn Hilfe nötig ist, wird viel versprochen und die Vertraulichkeit gerne beansprucht. Starke Persönlichkeiten und schlaue Opportunisten lassen sich allerdings mit solcher Taktik kaum einfangen, denn sie wollen Substanz und Garantien sehen. Diese Art des »Überzeugens« richtet sich eher an naive, unsichere, aber auch an gutgläubige Mitarbeiter.

Im laufenden Geschehen deutet noch nichts darauf hin, daß ein Versprechen unter Umständen nicht eingelöst werden könnte. Erst wenn man feststellen muß, daß die Erwartung nicht erfüllt, das Vertrauen mißbraucht worden ist, nagt das unangenehme Gefühl, geködert worden zu sein.

Der Ausgang muß nicht bei allen derartigen Leimbretterlebnissen schicksalhaft und endgültig sein. Viele, die vom Leim erwischt wurden, sich aber dank glückhafter Umstände wieder befreien konnten, sind wegen ihrer Unvorsichtigkeit und Naivität sogar imstande, sich bald anderswo erneut auf klebrige Bretter zu begeben.

Mit der Zeit lernt man jene Mitarbeiter kennen, die dazu neigen, auf Leim zu stehen. Von ihnen, da sie oft festkleben und dadurch in ihrer Aktivität blockiert sind, dürfen keine weiterführende Impulse erwartet werden. Es sind vielfach angenehme, vertrauensselige, aber auch unwissende Kollegen, deren Kreativität in der Reichweite des Leimbrettgewaltigen ihre Grenzen hat. – Vorgesetzte und Mitarbeiter, die mit Leimbrettern Gefolgschaft suchen, erhalten auf diese Weise keine tüchtigen Weggefährten. Mit einigen »Singvögeln« läßt sich wohl gelegentlich ein Aufsehen erregendes Gezwitscher inszenieren, eine geballte Aktion kann davon aber kaum ausgehen.

Der Gefahr entgehen

Wir treffen überall, bei der Arbeit, im Verein und im Freundeskreis Mitmenschen an, die aus mangelnder Überzeugungskraft oder auch nur aus Lust, jemanden zu erwischen, Fallen stellen. Eine solche Absicht muß beileibe nicht immer bösartig sein; im Gegenteil, manchmal kann von ihr sogar ein erfrischendes Erlebnis oder ein wertvoller Lehreffekt ausgehen. Unangenehmer und verwerflicher sind Fallen, die zur Steigerung persönlicher Vorteile und zum Ausschalten unerwünschter Widersacher

142

ausgelegt werden. Die Tatsache, daß es auch solche Fallen gibt, muß zur Vorsicht mahnen. Wie vorsichtig darf man aber sein, um nicht vor lauter Mißtrauen sich einer Arbeitsgemeinschaft zu entfremden?

Folgende Gedanken mögen weiterhelfen:

- Die Tatsachen sehen; große Worte auch nach deren Inhalt messen, sich nicht grundlos unter Zeitdruck stellen lassen
- Schnell entgegengebrachte Vertraulichkeit mittels konkreter Sachfragen überprüfen,
- Die im Zentrum stehende Angelegenheit in ihrem Umfeld sehen; mit Kontrollfragen den Gesamtzusammenhang beleuchten.
- Bestehen jetzt noch Zweifel, so ist es an der Zeit, mit einem Freund darüber zu sprechen; die Sicht auf das Problem wird dadurch bestimmt objektiver!

Um zu verhindern, nicht plötzlich doch noch auf den Leim zu gehen, sei zum Schluß noch unterstrichen: Man lasse sich nicht blenden und beeindrucken, weder durch Körpergröße, sympathisches Aussehen, flottes Auftreten, runde, aber unbelegte Zahlen, wohlklingende, aber vollkommen unverständliche Fremdwörter, durch neue Technologien, die noch niemand in ihrer Bedeutung ermessen kann, noch durch den Verweis auf einen großen Gelehrten oder auf einen Experten fraglicher Qualifikation. Auf den Leim geht man oft sehr leicht. Von ihm sich schadlos zu befreien ist vielfach Glückssache!

32 *Auf die Palme steigen*

Triebkraft

Zeitweise recht flink, allerdings nicht ganz so gewandt wie der Affe, sind Menschen in der Lage, die Krone der Palmen zu erreichen. – Der eher plumpe Körperbau des Menschen läßt zwar keine großen Kletterkünste erwarten. Es ist jedoch erstaunlich, wie schnell der Mensch an Höhe gewinnt, wenn besonders günstige Umstände ihm zu außergewöhnlicher Triebkraft verhelfen.

Unser Alltag findet grundsätzlich auf dem Erdboden statt; in unserem ganzen Wesen sind wir Fußgänger; die einen bewegen sich etwas schneller, die anderen langsamer.

In Phasen beschleunigter Aktivität, in Zeiten sich überstürzender Ereignisse, kann sich manchmal eine kaum mehr beherrschbare Kumulation von Problemen ergeben. Der Überblick über das, was jetzt zu tun wäre, wird immer schwieriger. Ratlosigkeit greift um sich. Solche Steigerungsprozesse können zu scheinbar ausweglosen Situationen führen. Manch' einer kann die entstandene Belastung kaum mehr ertragen; seine Nerven lösen eine Überreaktion aus, er kann und will dem Geschehen nicht mehr folgen. Der eine macht sich Luft auf Kosten seiner näheren Umgebung, indem er mit Steinen um sich wirft. Ein anderer läuft einfach davon und knallt zornig die Türe hinter sich zu. Ein Dritter schließlich, der neue Freiheitsgrade sucht, jagt die entglittene Handlung in die Höhe, manchmal steigt er dabei sogar auf eine Palme!

Einsamer Ausblick

Der peinigenden, ja feindlichen Umgebung entflohen, auf der Höhe der Palme angelangt, könnte er nun eigentlich seine Ruhe finden. Es ist still geworden. Die Mitarbeiter, die lästigen Probleme, all das was Schwierig-keiten bereitet und Ärger verursacht hat, sind jetzt weit weg; sie haben hier oben keine Wirkung mehr.

Durch das Hochgehen hat sich der Palmenkletterer jedoch isoliert. Auf der Höhe der Palme kann er am Leben unten am Boden nicht mehr teil-nehmen. Die Arbeitsgemeinschaft selbst ist dagegen von einem Mitar-beiter, der sich schnell erregt und die Nerven verliert, entlastet worden. Gesamthaft gesehen wäre jetzt eigentlich eine recht befriedigende Situa-tion eingetreten, wenn man nicht wüßte, daß bisher noch sämtliche Men-schen, die sich als Palmenkletterer betätigt haben, nach ziemlich kurzer Zeit wieder ihr ursprüngliches Element, den Boden, aufgesucht haben. Bis es soweit ist, spielen sich auf der einsamen Höhe der Palme, wie auch am Boden, unterschiedliche Prozesse ab. Er, der oben sitzt, sieht bald ein, daß er sich auf einsamer Höhe benehmen kann wie er will; er kann sich austoben und in alle Winde schreien; man hört und sieht ihn nicht. Für die Gemeinschaft ist er nicht mehr da. Keine Rücksichtnahme drückt mehr auf die tägliche Zusammenarbeit.

Die Aussicht von befreiter Höhe in die Weite kann sogar manchen neuen, positiven Aspekt bringen. Das freiere Blickfeld öffnet einen größeren Horizont; man sieht mehr, der Überblick kann reifen. Dadurch entstehen Voraussetzungen für ein ausgeglicheneres Leben am Boden. Sogleich muß aber betont werden, daß ein solcher Wandlungsprozeß nur Erfolg haben kann, wenn ein Palmenkletterer diese Zusammenhänge wirklich sehen will.

Vielleicht bleiben sogar die am Boden Zurückgebliebenen nicht ganz indifferent. Denn jene, die auf die Palme gestiegen sind, müssen nicht immer hoffnungslose Neurotiker und Querköpfe sein. Im Gegenteil; manchmal verhält sich auch eine Gemeinschaft, die einer falsch ge-steuerten Gruppendynamik verfallen ist, unmöglich und hat gewisser-maßen einen unangenehmen, vermeintlichen Besserwisser auf die Pal-me gejagt. Trifft dieser Fall zu, wird es bei mancher Aufgabenerfüllung bald hapern!

Ab und zu taucht auch die Einsicht auf, daß eine Arbeitsgemeinschaft ohne intensiven Ideenzufluß auf die Dauer nicht lebensfähig ist und daß diese Erneuerung nicht von fahlen Gehorchern und Zustimmern, sondern eher von eigenständigen, manchmal unangenehmen, aber trotzdem empfindsamen, auch »impulsiv« genannten Persönlichkeiten ausgehen. Verjagt man solche Mitarbeiter, bleiben auch die Impulse aus.

Zurück auf den Boden

Damit jemand von der Höhe der Palme den Weg zurück auf den Boden wieder finden kann, ist es ganz entscheidend, wie er ihn verlassen hat. Jener, der um sich schlagend Schaden angerichtet hat, müßte, um in seiner alten Umgebung wieder willkommen zu sein, wohl einiges wieder gutmachen. Auch ein Abgang, der vom Lärm zugeschlagener Türen begleitet worden ist, hinterläßt erschrockene Gemüter und Groll.
Der Aufstieg auf die Palme ist von allen denkbaren Formen des Ausscherens noch die harmloseste. Trotzdem geht mit ihm die empfindliche Störung von Arbeitsabläufen einher und es entstehen Stimmungen der Ungewißheit.
Vereinzelte labile Phasen werfen eine gut eingespielte Arbeitsgemeinschaft nicht aus der Bahn. Ab und zu – wenn auch nicht zu oft – sind sie sogar nötig, um das als selbstverständlich Geglaubte neu zu überprüfen. Damit eine solche Begebenheit aber genutzt werden kann, ist Offenheit gegenüber dem aufgetretenen Problem und Zeit erforderlich. Übereifriges Bemühen, den ursprünglichen Zustand wieder herzustellen, bringt nichts. Bei zu großer Eile steht der nächste Aufstieg auf die Palme unmittelbar bevor!
Diskussionen über die Frage, wer auf dem Weg der gegenseitigen Wiederannäherung den ersten Schritt tun sollte, sind nicht sehr ergiebig. Denn eine tragfähige Basis für die künftige Zusammenarbeit entsteht praktisch nur dann, wenn der auf die Palme Gekletterte bald einsieht, daß

sein wirkliches Element der Boden ist, und die Zurückgebliebenen den Abstieg nicht erschweren.

Und ist für einmal die Eintracht wieder eingekehrt, darf dennoch nicht übersehen werden, daß Versuchungen und Bedürfnisse, gelegentlich auf die Palme zu steigen, weiterhin bestehen. Es muß auch betont werden, daß es bei solcher Aussicht verfehlt wäre, sämtliche Palmen in der Arbeitsumwelt zu fällen. Die fehlenden Palmen könnten nämlich leicht dazu führen, daß vermehrt mit Steinen geworfen wird!

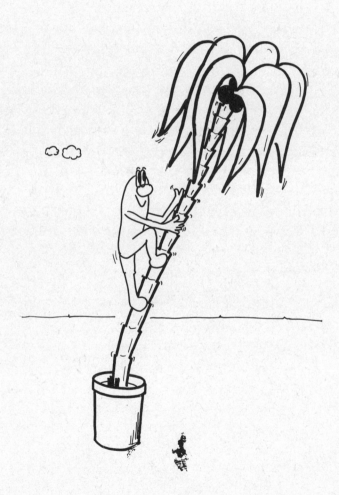

33 *Den Nagel auf den Kopf treffen*

Treffsicherheit

Wer mit Nägeln umgeht, weiß was es bedeutet, wenn anstelle des Nagelkopfes der Daumen getroffen oder der Nagel schräg eingeschlagen wird. Einem Zimmermann, der den Nagel stets nur halbwegs trifft, steht kaum eine große handwerkliche Zukunft bevor. Der Tüchtige freut sich immer wieder, wenn es ihm mit sattem Schlag gelingt, einen Nagel gerade und restlos im Holz verschwinden zu lassen.

Das Handwerk sieht vor, daß Balken und Bretter mit richtig eingeschlagenen, also auf den Kopf getroffenen Nägeln zusammengehalten werden. Nach langem, mühseligem, unter erschwerten Bedingungen und erst noch in zähem Holz einen Nagel wieder perfekt versenkt zu haben, beflügelt die Arbeitslust des Handwerkers. Wer ihm dabei zuschaut, bleibt oft voller Verwunderung stehen und kann seinen begeisterten Ausruf »er hat den Nagel auf den Kopf getroffen!« nicht mehr zurückhalten.

Zusammenhaltende Wirkung

Die Gemeinschaftsarbeit wird durch richtig eingesetzte, den Bedürfnissen und Zielsetzungen entsprechenden Ideen zusammengehalten. Manchmal fehlt der gute Rat, es will nichts gelingen. Man versucht es nun mit Behelfslösungen und bedient sich mit dem, was gerade auffindbar ist. Der Erfolg bleibt unberechenbar und mäßig. Doch plötzlich ist der Bann gebrochen. Alles atmet auf. Jemand hat »den Nagel auf den

Kopf getroffen«; es ist jemandem gelungen, einem perfekten Schlag gleich, genau das zu erkennen, womit die festgefahrene Situation wieder in Schwung zu bringen ist.

Nach einer Zeit unbefriedigender, zu gewöhnlicher Lösungen beflügelt die überzeugende Idee die Arbeit; die Probleme werden wieder dynamischer und optimistischer in Angriff genommen. Die entkrampfte Stimmung erweitert den Spielraum der Gedankengänge. Die Begeisterung über den eingetretenen Erfolg kennt kaum mehr Grenzen. Bestechende, beeindruckende Neuerungen rücken ins Gesichtsfeld vor, bald wird an ihrer günstigen Wirkung nicht mehr gezweifelt. Kritiklos wird bewundert, wie die Nägel elegant und restlos im Holz verschwinden. Solche Arbeit muß erfolgreich sein, so genagelt ist die Verbindung im Geschehen perfekt vollzogen!

Die Ernüchterung bleibt oft nicht aus, besonders wenn sich bald danach herausstellt, daß das Holz weich und faul war und daß unter diesen Umständen ein Nagel zwei Balken nicht mehr zusammenhalten kann.

Geschicklichkeit

Wer Außerordentliches, Perfektes vollbringt, wirkt vorbildlich und wird bewundert.

Wer möchte doch nicht selber möglichst oft gewürdigt werden und als großer Könner gelten! Auf der Suche nach dem durchschlagenden Erfolg üben sich viele im »Nageln«. Dabei nimmt, sicher nicht bei allen »Mitnaglern« die Geschicklichkeit im Umgang mit Hammer und Nagel in gleicher Weise zu. Trotzdem, dank Übung nehmen blau gequetschte Daumen und krumm geschlagene Nägel allgemein ab.

Auch das eigene Wissen und das Sachverständnis lassen sich fördern und mehren, so daß nicht länger untaugliche Ideen eine Problemlösung beeinflussen müssen.

149

Je ausgeprägter die Lernbefähigung und je fortgeschrittener der Lern-prozeß ist, um so größer wird zwar die Wahrscheinlichkeit des nun folgenden, absolut perfekten Schlages. Wann genau der Nagel ideal auf den Kopf getroffen sein wird, ist praktisch nie im voraus steuerbar. Die zündenden Ideen, das kreative Neue, das Einzigartige, Erfindungen, Innovation lassen sich, obwohl es mit eindringlichen Beschwörungen immer wieder versucht wird, nicht erzwingen. Bestenfalls können die Voraussetzungen zum einmaligen Schlag günstig gestaltet werden.

Von treffenden Ideen spricht man noch lange, weil sie genau das erwirkt haben, was man sich erwünschte, weil sie beinahe Wunder ermöglichten. Einfache, auf soliden Grundlagen systematisch aufgebaute Ideen sind in ihrer Summe für eine Arbeitsgemeinschaft aber mindestens so wertvoll wie seltene, einmalige, fast traumhaft gute Ideen. Im Gegensatz zu den genialen Ideen, lassen sich die weniger attraktiven durch eine gute Gemeinschaftsarbeit herbeiführen. Die Zuversicht auf einen solchen Erfolg kann kaum genügend gefördert werden. Denn das Warten auf die beste Lösung ist manchem Unternehmen schon zum Verhängnis gewor-den. –

Eine fast identische Geschichte hätte über die im Volksmund gut ver-ankerte Begebenheit »Er hat den Vogel abgeschossen« geschrieben wer-den können. Der Vorzug wurde schließlich den »Nägeln« gegeben, weil zur Darstellung dieses Problems keine Todesfälle nötig sind. Es hätte ja vielleicht ein selten schöner Vogel abgeschossen werden müssen!

150

34 *Kein Blatt vor den Mund nehmen*

Verdecken

Lachend strahlend, ernsthaft oder mit vergrämter Mine, wird von sich gegeben, was der Geist im Hintergrund als angemessen erachtet und das Gemüt empfindet. Schon allein der Lippen Bewegung, deren spontane Öffnung oder verkrampfte Verschlossenheit mögen unendlich viel aussagen. Die Worte brauchen kaum verstanden zu werden; der Gesichtsausdruck genügt um zu erfahren, was gehört werden sollte.

Wer etwas denkt, es aber kaum zu sagen wagt und trotzdem nicht schweigen kann, würde sich gerne äußern, wenn er sicher wäre, daß man ihn nicht erkennt. Was liegt in dieser Lage nicht näher als den Versuch zu unternehmen, die Quelle des Ausdrucks zu verdecken? Ein großes Blatt vor den Mund gehalten, schützt vor zu offenherziger Kundgebung. Die sich in den Gesichtszügen spiegelnden Gedanken werden nicht gesehen, der Schall der Sprache wird durch das Blatt gedämpft und abgelenkt, die Einheit des Ausdrucks – Inhalt, Klang, Mimik und Bewegung – ist gefiltert und verzerrt. Der betrachtende Zuhörer bekundet oft viel Mühe herauszufinden, was mit der Sprache hinter dem Blatt beabsichtigt wurde.

Indirekt sprechen

Worte liefern nicht nur Inhalte, ihr Klang sagt auch über die Stimmung des Sprechenden aus. Sieht man gleichzeitig in ein sorgenvoll gefaltetes oder lachendes Gesicht, werden mit Ohren wahrgenommene Eindrücke unterstrichen, verstärkt und präzisiert.

152

Hört man dagegen nur eine kaum verständliche Rede, blickt man sich um und sieht nur verschleierte Konturen, liegt die Vermutung nahe, daß man nicht direkt angesprochen worden ist. Jemand hat es nicht gewagt, sich offen hinter klare Worte und deren Inhalt zu stellen.

Im Umgang mit Mitarbeitern kann man sich zwar an viel gewöhnen. Es läßt sich auch erlernen, wie man aus wenigen Zeichen viel erfährt. Die gegenseitige persönliche Abstimmung spielt dabei eine große Rolle. In der gefestigten, vertrauten Zusammenarbeit vereinfacht sich die Umgangssprache; oft genügen Gesten oder eine Bewegung im Gesicht, damit ohne Worte verstanden wird, was man sagen wollte.

Trotzdem, die wortlose Übereinstimmung ist manchmal lückenhaft. Vor allem wichtige Fakten bedürfen klarer Worte. Aber eben gerade solche Worte können verletzend wirken.

Daher ist es erlaubt, ein »Blatt vor den Mund« zu nehmen. Selbst wenn man die Sache nicht direkt anspricht, darf man offen und der Wahrheit treu bleiben. Es gibt nichts, was man nicht auch umschreiben könnte, indem man sich geeigneter Vergleiche bedient, die Umgebung der Probleme abtastet, auf die Stimmung und das Aufnahmevermögen der Partner eingeht und sich schrittweise dem Kern der Sache nähert.

Der Umweg über die indirekte Sprache – es kann auch eine Sprache in Analogien sein – ist manchmal recht lang. Dennoch führt er oft eher zum Ziel – namentlich in einer empfindsamen Arbeitsgemeinschaft – als der gefühllose, polternde Faktenaustausch!

Direkte Sprache

Mit Worten wird gesagt, was erdacht und empfunden wurde; die Dinge werden bei ihrem Namen genannt.

Nicht alle hören die unverblümte Wahrheit und unwiderlegbare Tatsachen gerne. Die einen oder anderen wünschen sich eine sanftere Konfrontation und fühlen sich bei zu direkter Sprache vor den Kopf gestoßen! Man hätte ihnen die Sache auch rücksichtsvoller sagen können, sie hätten durch die schlagartige Eröffnung der Neuigkeit gar keine Zeit gehabt in das Problem hineinzuwachsen.

Die direkte Sprache, die den bildlich vergleichenden Ausdruck meidet, enthält manchmal wenig Raum für den begleitenden Ausblick auf das farbige Umfeld einer Sache; sie ist aber speditiv und gibt Informationen schnell und unmißverständlich weiter.

Nun, bei der Sprache ist es nicht nur wichtig wie sie gesprochen wird, sondern – mindestens für jene, die nicht in den Wind sprechen – ebenso wie sie verstanden wird. Im Führungsgespräch jedenfalls muß die Sprache unmittelbar verständlich sein. Der Verlauf der Handlungen, das produktive Geschehen muß sichergestellt sein, unnötige Verzögerungen müssen verhindert werden. Der geneigte Vorgesetzte verliert sich nicht in Nebensächlichkeiten, sondern konzentriert sich auf das Wesentliche und ist dabei erfolgreich.

Unter dem Druck der Ereignisse, wenn zu großer Eifer und ungestümer Tatendrang den Arbeitsrhythmus bestimmen, kann es vorkommen, daß zu schnell und zu direkt gesprochen wird, daß die Mitarbeiter kaum mehr zu folgen vermögen und niemand mehr zu finden ist, der Zeit hätte, um das zu erklären, was noch nicht begriffen worden ist.

Die direkte Sprache ist ehrlich, führt unmittelbar zur Sache und gibt nichts vor, was nicht ist. Da es jedoch wünschenswert bleibt, daß eine Zusammenarbeit nicht ausschließlich durch Roboter und Technokraten getragen und geprägt wird, fragt es sich, ob die technisch und juristisch richtige, korrekte aber kalte Sprache in allen Fällen genügt.

Es könnte sein, daß manche Problemlösung eine bessere Ausgangslage erhält, wenn sich selbst der erfolgshungerige Vorgesetzte differenziert hinter eine Sache machen würde und bei solchem Tun nicht gleich sämtliche Blätter fallen läßt!

155

Aus dem Herzen sprechen

(nicht numerierbar, da der Ausgang einer solchen Geschichte recht ungewiß ist)

Gleiche Gedanken

In Gedanken spielt sich immer weit mehr ab, als je gesprochen werden kann. Wenn trotzdem gelegentlich die Rede davon ist »er hat gedankenlos gesprochen«, so heißt das nicht unbedingt, daß er nichts überlegt hat. Mit diesem Ausspruch wird jedoch angetönt, daß die gehörten Worte nicht überaus vernünftig sind. Was gesprochen wird – so wünscht man es sich wenigstens – ist meistens das Ergebnis, manchmal sogar das Konzentrat eines umfassenden Denkprozesses. Kaum jemand ist aber in der Lage alles, was er denkt, direkt in Worte zu kleiden. Trotz der Lücke zwischen Gedankengängen und mündlichem Ausdruck bleiben es Worte, die das Schwergewicht zwischenmenschlicher Kommunikation tragen. Viele bekunden Mühe, sich in Worten auszudrücken. Manche Zusammenarbeit ist infolge mangelhaften Ausdrucks oder ungenügenden Verständnisses gestört. Oft bleibt es uns ein Rätsel, wieso sich jemand so und nicht anders äußert. Obwohl man einen Partner zu kennen glaubt, herrscht zu Beginn eines Gesprächs denn oft nur eine begrenzte Gewißheit über dessen Ausgang.

Je mehr man miteinander spricht, um so besser lernt man sich kennen und um so direkter wird das Gespräch.

Charakteren, die sich nicht vertragen, bleiben meistens gegensätzlich, selbst wenn sie sich – oder gerade erst deswegen – noch so gut kennen. Bei andern, sich näher Stehenden, wächst das gegenseitige Verständnis. Dieser Angleichungsprozeß kann so weit gehen, daß das Gespräch die ursprünglich kalte, abstrakte Materie überwindet und sich menschlich einfühlend vertieft. Es kommt nun vor, daß ein Partner in einer bestimm-

156

ten Sache unmittelbar und unaufgefordert das aussagt, was sein Gegenüber dachte, daß es jetzt gesagt sein sollte. Es braucht nicht weiter betont zu werden, daß stille Einverständnisse Freude bereiten. Der eine stellt begeistert fest: »Er hat mir aus dem Herzen gesprochen«, er hat genau das gesagt, was ich mir im Innersten gewünscht habe. Jener, der diese Worte gefunden hat, freut sich sicher auch ob der gefundenen Meinungsgleichheit; er darf sich dieses Glücks um so mehr erfreuen, wenn er selber ehrlich gewesen ist, also von Herzen gesprochen hat.

Wann spricht man, wer spricht von Herzen?

Hier könnte sich die Analyse weiter vertiefen, das Geschichtchen im üblichen Stile könnte seinen Lauf nehmen. Vielleicht wäre es dabei auch möglich, einige Elemente des »herzlichen« Umgangs zu klären.
Wenn die Geschichte jetzt nun trotzdem abgebrochen wird, dann einzig aus dem ganz einfachen Grunde, weil das Sprechen von Herzen, wie man es tut, wie man es empfindet, nur auf einer kaum beschreibbaren, feinmaschigen Vertrauensbasis reifen kann.
Die Bereitschaft, Vertrauen zu haben und Vertrauen zu geben, stützt sich fast ausschließlich auf den in einer Gemeinschaft vorhandenen und bestimmenden Verhaltensarten des Einzelnen ab. Das Spektrum der Verhaltensarten, die Summe der Eigenheiten lassen sich wohl eingrenzen, umschreiben und qualifizieren, jedoch kaum je endlich erfassen und bemessen. Letztlich ist immer das entscheidend, was sich zwischen zwei Personen in direktem Kontakt abspielt. Und was kann sich dabei alles abspielen? Diese Frage bleibt wohl ewig offen.
Vielleicht ist es auch gut so. Denn wie wäre es langweilig, wenn diese Geschichte, womöglich noch wissenschaftlich ergründet, das große Rätsel vielleicht doch gelöst und das Salz unserer Gemeinsamkeit, das laufende und immer wieder neue Ergründen seines Gegenübers ein Ende finden

und das aus tiefem Herzen schwingende, warme Gefühl kanalisierbar und programmierbar würde!

In der harten Wirklichkeit des Unternehmensalltags ist wenig Raum für Gefühle. Dort, wo aber Gefühle mitspielen, rücksichtsvolle Gefühle gegenüber seinem Partner, läßt sich manchmal harte, zu harte Substanz, in eine menschlich tragbare Form biegen. Fürchten wir uns vor Gefühlen?

Redensarten und kein Ende!

Die Auseinandersetzung mit Redensarten, die sich auf Ereignisse im Rahmen der Zusammenarbeit beziehen lassen, bringt immer wieder neue Aspekte. Kleine und große Türen öffnen sich plötzlich und durch den freien Durchblick erkennen wir immer mehr farbige Bilder, die zwischenmenschliche Konstellationen spiegeln.

Redensarten sind fast immer mit Erfahrungen verbunden, die einen nachhaltigen Eindruck hinterlassen haben, also in einer Angelegenheit handeln, die man kennt oder mindestens zu kennen glaubt.

Charakterisieren die gewählten Worte eine typische Begebenheit treffend, behalten sie ihre Wirkung lange. Selbst wenn sich die Umwelt, die Sitten und Gebräuche längst gewandelt haben, bleibt die Bedeutung mancher Redensart unverändert; die gleichen Worte vermögen über Generationen komplexe Zusammenhänge so zu formulieren, daß wir sie unmittelbar verstehen.

Je mehr man sich damit beschäftigt, um so mehr fällt auf, daß sich fast alles und jedes, was sich in einer Arbeitsgemeinschaft abspielt, in einen Zusammenhang mit Redensarten bringen läßt. Um zu dieser Feststellung zu gelangen, muß man wirklich nicht *das Gras wachsen hören,* es empfiehlt sich aber, schon nach den ersten derartigen Betrachtungen, *die Spreu vom Weizen zu trennen.* Denn es gibt ja Worte, die gründlich *über das Ziel hinausschießen.* Falsch wäre es jedoch, wenn man bei dieser Gelegenheit gleich *das Kind mit dem Bade ausschütten würde,* voreilig jemandem den *schwarzen Peter zuschieben möchte* oder bei der ersten Entscheidungsschwierigkeit gleich *die Türe hinter sich zuschlagen* würde. Auch darf man sich nicht unbedingt *im siebenten Himmel* fühlen, nur weil man dabei nicht gerade *in die Ecke gestellt worden ist.* Gerade wenn es in dieser Lage gelingt, *den Rahm abzuschöpfen,* riskiert man gleichzeitig, jemandem *vor dem Licht zu stehen.* Die Folge davon kann sein, daß man einzelne Mitarbeiter nun *mit Sammethandschuhen anfassen* muß. Jedenfalls ist es besser so zu reagieren, als den Anschein zu erwecken, daß man

159

bereit sei, *alle auf die Hörner zu nehmen.* Bald könnte es nämlich heißen, daß das *richtige Maß verloren gegangen* sei. Es lohnt sich eben manchmal, sich etwas *den Kopf zu zerbrechen,* anstatt mit ihm *durch eine Wand zu rennen.* Wie schnell *steckt man doch im Sumpf* und *das Wasser steht bis zum Hals.* Zu welchem Entscheid man sich schließlich auch durchringt, alle kann man damit selten zufriedenstellen. Die einen glauben, da sei wirklich jemand *noch hinter dem Mond* oder könne und wolle nicht weiter sehen, weil er *im goldenen Käfig sitzt* und wenn sich dieser Zustand nicht ändert, könne er bald *in Ungnade fallen.* Darüber müßte man wirklich nicht mehr *durch die Blume sprechen,* man könne nur noch hoffen, daß er trotzdem noch rechtzeitig *aus allen Wolken falle,* bevor er *den Schirm zumachen müsse!*

Nun, man sollte nicht gleich alles *auf die Spitze treiben und die unmöglichsten Dinge an den Haaren herbeiziehen,* sonst *setzt man sich* sicher noch *in die Nesseln* oder *verbrennt sich die Finger.* Besser ist es, danach zu trachten, doch noch *auf goldenen Boden zu fallen,* dann nämlich entstehen gute Voraussetzungen, um auch bei den Arbeitskollegen *einen Stein im Brett zu haben.* Dann endlich kann man gelassen zusehen, wie *die Saat aufgeht!* Es empfiehlt sich aber, trotzdem vorsichtig zu bleiben. Wie leicht wird einem doch *der Teppich unter den Füßen weggezogen* und wie überraschend *gerät* man *zwischen die Puffer!*

Auch bei sehr ungünstigen Ausgangslagen mag tröstend sein, daß, solange man *von Herzen spricht,* die Hoffnung, auch einmal *auf Rosen gebettet* zu sein, weiterhin berechtigt ist!